Derek Prince

Die drei endzeitlichen Ziele Gottes

Ohne Furcht in die Endzeit

Internationaler Bibellehrdienst
Trostberg

Die in diesem Buch enthaltenen Texte entstammen Vorträgen von Derek Prince. Die vorliegenden Abschriften der Kassettenaufzeichnungen sind redaktionell leicht bearbeitet worden, wobei der Vortragsstil bewußt aufrechterhalten wurde.

Beide Vorträge sind sowohl in der deutschen Übersetzung als auch im englischen Original als Audiokassette erhältlich. Für weitere Informationen wenden Sie sich bitte an den 'Internationalen Bibellehrdienst'.

Deutschland

IBL Deutschland
Schwarzauer Straße 56
83308 Trostberg
Tel.: 08621-64146
Fax: 08621-64147

Österreich

IBL Österreich
Bruck 40
A-4973 Senftenbach
Tel.: 07751-7560
Fax: 07751-7560

Schweiz

IBL Schweiz
c/o Chr.Buchhdlg. Au
Hauptstr. 58
CH-9434 Au/SG
Tel.: 071-715811
Fax: 071-715845

Vertrieb auch über:
Verlag Gottfried Bernard, Spitzwegstraße 8, 45719 Solingen
Tel.: 0212-310453, Fax: 0212-319221

Übersetzung: Werner Geischberger
Layout: Thomas Schatton, IBL
Grafik: Robin Zuiderfeld
Druck: Druckhaus Gummersbach

Originally published in English under the audio recordings:
'God's Three End Time Purposes'
'How to Face the Last Days Without Fear'

ISBN 3-9804453-2-1

Alle Bibelzitate stammen aus der Elberfelder Bibel, es sei denn, sie sind anderweitig gekennzeichnet

INHALT

A) Die drei endzeitlichen Ziele Gottes

Einleitung 6

Kapitel 1 Merkmale des zukünftigen Reiches Gottes auf Erden 8

Kapitel 2 Wegbereiter des Reiches: die Wehen 14

Kapitel 3 Die drei Ziele Gottes 20
- Das erste Ziel: Die Verkündigung des Evangeliums 20
- Das zweite Ziel: Die Wiederherstellung Israels 24
- Das dritte Ziel: Der Leib Christi wird zur Braut Christi 35

B) Ohne Furcht in die Endzeit

Einleitung 46

Kapitel 1 Wie wird die Endzeit sein? 47
- Eine bösartige Zeit 47
- Eine Zeit der Wehen 48

Kapitel 2 Ohne Furcht in die Endzeit 52
- Offenbarung 1-7 und 14

A)

DIE DREI ENDZEITLICHEN ZIELE GOTTES

EINLEITUNG

Anhand der Bibel werden wir erörtern, welche drei Ziele Gott in diesen letzten Tagen erreichen möchte. Diese Ziele sind jedoch nicht der Endpunkt; das große Finale kommt erst, **nachdem** diese drei Ziele Gottes verwirklicht wurden.

Jesus beschreibt diesen Endpunkt kurz und prägnant in drei Worten in Matthäus 6,10. Diese Passage ist Teil des Gebets, das wir als "Vaterunser" bezeichnen. Jeder von uns, der aus einem christlichen Elternhaus stammt, kann gar nicht mehr zählen, wie oft er dieses Gebet in seinem Leben schon gesprochen hat. Die meisten von uns erkannten jedoch nicht, was sie da eigentlich beteten. Die Worte lauten: *"Dein Reich komme."* Dann heißt es weiter: *"Dein Wille geschehe wie im Himmel so auf Erden."* Zieht man diese beiden Aussagen zusammen, lautet das Gebet folgendermaßen: "Dein Reich komme auf Erden." Das ist der Endpunkt, das wichtigste Ziel Gottes für unsere heutige Zeit: **Die Ankunft des Reiches Gottes auf Erden unter dem von Gott eingesetzten König Jesus Christus**. Ich glaube, daß er buchstäblich ein irdisches Reich haben und als König regieren wird. Ich glaube auch, daß das die einzige Lösung für die Probleme der Welt ist.

Manche Leute werfen uns vor, wir seien Träumer und sprächen nur über Hirngespinste. Doch die Träumer sind diejenigen, die nach all dem, was die Geschichte uns lehrt, immer noch meinen, der Mensch könne seine Probleme allein lösen. Wir sind heute vielleicht weiter von einer Lösung der Weltprobleme entfernt als jemals zuvor in der Geschichte. Wie soll uns jemand davon überzeugen, daß sich das ändern wird? Es gibt nur eine Hoffnung: Das Reich Gottes auf Erden.

Jeder überzeugte Christ muß diese Hoffnung in seinem Herzen tragen. Es heißt in 1. Johannes 2,17: *"Wer den Willen Gottes tut, bleibt in Ewigkeit."* Gottes Wille ändert sich nicht. Wenn sich etwas ändern muß, dann ist es unser Wille. Doch wenn wir unseren Willen mit dem Willen Gottes in Einklang bringen, wenn wir die Ziele Gottes zu unseren Zielen machen, sind wir genauso unerschütterlich und unbesiegbar wie der Wille Gottes selbst. *"Wer den Willen Gottes tut, bleibt in Ewigkeit."* Das ist von entscheidender Bedeutung für jeden Christen. Sind Sie mit dem Willen Gottes im Einklang? Ist Gottes Ziel auch Ihr Ziel? Ich habe den Eindruck, daß dies bei vielen Christen nicht der Fall ist. Sie gehen allen möglichen religiösen Aktivitäten nach, haben jedoch das eigentliche Ziel, den eigentlichen Zweck, aus den Augen verloren, nämlich die Errichtung des Reiches Gottes auf Erden.

Kapitel 1

MERKMALE DES ZUKÜNFTGEN REICHES GOTTES AUF ERDEN

Anhand zahlreicher Schriftstellen bekommt man einen Einblick, was dieses Reich mit sich bringt und wodurch es sich auszeichnen wird:

Zerstörung aller Konkurrenzreiche

In Daniel 2 lesen wir Daniels Deutung einer Vision von König Nebukadnezar. Dieser verstand seine Vision nicht, ja konnte sich nicht einmal mehr an sie erinnern. Doch Gott offenbarte Daniel auf übernatürliche Weise sowohl die Vision als auch deren Bedeutung. Und in Vers 44 lesen wir: *"Und in den Tagen dieser Könige wird der Gott des Himmels ein Königreich aufrichten, das ewig nicht zerstört werden wird. Und das Königreich wird keinem anderen Volk überlassen werden; es wird all jene Königreiche zermalmen und vernichten, selbst aber wird es ewig bestehen."* Gott wird also zu einer bestimmten Zeit der Menschheitsgeschichte - die meiner Meinung nach recht nahe ist - ein Reich errichten, das ewig bestehen, nicht vergehen und keinem anderen überlassen werden wird. Es wird alle Konkurrenzreiche restlos, völlig und unwiderruflich zerstören.

In Psalm 72 finden wir ein prophetisches Bild für das "messianische Reich". Der Psalm wird auch als "messianischer Psalm" bezeichnet, weil er vom Reich des Messias' spricht:

> *"Gott, gib dem König deine Rechtssprüche und deine Gerechtigkeit dem Königssohn, daß er dein Volk richte in Gerechtigkeit und deine Elenden nach Recht. Es mögen dem Volk Heil tragen die Berge und die Hügel Gerechtigkeit. Er schaffe Recht den Elenden des Volkes; bringe Hilfe den Kindern des Armen, und den Unterdrücker zertrete er... Und er möge herrschen von Meer zu Meer und vom Strom* (der Euphrat) *bis an die Enden der Erde. Vor ihm sollen sich beugen die Bewohner der Wüste, und seine Feinde sollen den Staub lecken. Die Könige von Tarsis und den Inseln sollen Geschenke bringen, es sollen Tribute entrichten die Könige von Scheba und Saba. Und alle Könige sollen vor ihm niederfallen, alle Nationen ihm dienen. Denn retten wird er den Armen, der um Hilfe ruft, und den Elenden und den, der keinen Helfer hat. Er wird sich erbarmen des Geringen und des Armen, und das Leben der Armen wird er retten. Aus Bedrükkung und Gewalttat wird er ihr Leben erlösen, denn ihr Blut ist kostbar in seinen Augen."* (Ps 72,1-4.8-14)

Dieser Beschreibung können wir zwei weitere Aspekte des "messianischen Reichs" entnehmen:
Gerechtigkeit

Gerechtigkeit ist die unabdingbare Voraussetzung für Frieden. Ohne Gerechtigkeit wird es nie Frieden geben. Die Politiker, die über Frieden reden und dabei die Gerechtigkeit links liegen lassen, betrügen sich selbst und andere. Es gibt keinen echten Frieden ohne Gerechtigkeit.

Ein Herz für die Armen und Bedürftigen

Der Psalm betont auch einen Gesichtspunkt, den viele evangelikale oder bibeltreue Christen nicht ausreichend wertschätzen, nämlich Gottes großes Herz für die Armen, Bedürftigen und Niedergeschlagenen.

Es gibt Ausnahmen, doch im allgemeinen kümmern sich die Menschen nicht um die Armen. Die meisten Regierungen der Welt interessieren sich nicht für die Armen.

Lesen wir zur Vertiefung dieses Punktes noch Hesekiel 16,49. Hier beschreibt Gott die Sünden Sodoms. Die Stadt wurde wegen der Sodomie (Homosexualität), die dort an der Tagesordnung war, zerstört. Deshalb müßte man auch meinen, Homosexualität erscheine in dieser Liste der Sünden Sodoms. Doch dem ist nicht so. Vielmehr heißt es hier: *"Siehe, das war die Schuld deiner Schwester Sodom: Hoffart, Fülle von Brot und sorglose Ruhe hatte sie mit ihren Töchtern,* ***aber***

die Hand des Elenden und des Armen stärkte sie nicht. " Das ist der Nährboden für Homosexualität; das war auch in den USA und den anderen westlichen Nationen der Nährboden für Homosexualität. Der schlimmste Anklagepunkt gegen Sodom war, daß es die Hand des Elenden und Armen nicht stärkte.

Im Grunde sind in der heutigen Welt zwei parallele Entwicklungen festzustellen: Die Reichen werden immer reicher und die Armen werden immer ärmer. In den meisten politischen Verhandlungen geht es nur darum, wie man die Reichen schützen kann.

Ich sprach mit einem Rechtsanwalt, der in der EG arbeitet und sich mit rechtlichen Fragen befaßt. Er hat sich eingehend mit dieser Problematik beschäftigt und sagte zu mir: "Es gibt zwei besonders markante Dinge an der Entwicklung der EG, die man unbedingt wissen sollte. Erstens: Die Veränderungen gehen atemberaubend schnell vonstatten. Zweitens: Geld entscheidet über alles. Im Grunde treffen nicht die Politiker, sondern die Geschäftsleute die Entscheidungen. Wenn ein Politiker vom Kurs der Geschäftswelt abweicht, wird er aufs Abstellgleis geschoben. Genau das ist Margaret Thatcher widerfahren. Sie machte sich für etwas stark, an dem die Geschäftswelt keinerlei Interesse hatte, und wurde aufs Abstellgleis geschoben."

Der Gott dieser Welt ist im Grunde der Mammon - der Wohlstand. Und gleichgültig, wie wohlhabend die Menschen werden - sie wollen immer noch wohlhabender werden. Es gibt einige herrliche Ausnahmen, doch im allgemeinen kümmern sich die Reichen nicht um die Armen. In wenigen Jahren werden die Zinszahlungen der armen Nationen die Gesamtmenge Geld, die sie von den reichen Nationen bekommen, aufwiegen. Mit anderen Worten: Unterm Strich bekommen sie nichts.

Im Grunde bin ich kein politischer Mensch, doch mir wird immer klarer, daß Gott ein großes Herz für die Armen hat. Die Schrift sagt wiederholt, daß er jene richten werde, die die Armen bedrängen: Im Reich Gottes werden die Armen ein ganz anderes Los haben: Ihnen wird Gerechtigkeit widerfahren. Davon sieht man derzeit ja noch nichts. Wer heutzutage reich ist, kommt eigentlich immer ungeschoren davon.

Der Vormarsch des Bösen

In Psalm 92,6-8 spricht der Psalmist über ein sehr aktuelles Thema, nämlich über den Vormarsch des Bösen. Ich bin fast achtzig Jahre alt und habe es noch nie erlebt, daß sich das Böse so offen zur Schau gestellt hätte wie in unserer heutigen Zeit. Und wie ich schon sagte - Geld regiert die Welt. Sogar die Pornographie bezeichnet man als "milliardenschwere Industrie". Wie weit sind wir gekommen, daß man Pornographie als "Industrie" bezeichnet? Es gibt verschiedene Ausnahmen, doch im Grunde gilt: Wenn etwas Geld bringt, hat es auch seine Rechtfertigung.

Warum läßt Gott das zu? Kümmert sich Gott darum? Der Psalmist sagt: *"Wie groß sind deine Werke, Herr! Sehr tief sind deine Gedanken. Ein unvernünftiger Mensch erkennt es nicht, und ein Tor versteht dies nicht. Wenn die Gottlosen sprossen wie Gras und alle Übeltäter blühen, dann nur, damit sie vertilgt werden für immer."* Gott läßt es also zu, daß die Gottlosen gedeihen und die Gottlosigkeit in der Welt überhandnimmt. Doch sein Ziel ist es, diese Gottlosigkeit zu vernichten. Ich denke, viele Christen machen sich Sorgen darüber, daß sich das Böse und die Ungerechtigkeit so dreist zur Schau stellen, vor allem in Machtpositionen. Gottes Antwort lautet: "Ich lasse sie groß werden, doch eines Tages werden sie alle von meinem Gericht niedergemäht werden."

Kapitel 2

WEGBEREITER DES REICHES: DIE WEHEN

Es ist schon erstaunlich, wie wenig in vielen christlichen Gemeinden und Gemeinschaften über das Gericht Gottes gesprochen wird. Die Schrift sagt jedoch, der Heilige Geist überführe von der Sünde, von der Gerechtigkeit und von dem Gericht. Wenn wir nie über das Gericht sprechen, rauben wir dem Heiligen Geist die Gelegenheit, uns zu überführen. Das Gericht ist ein wesentlicher Bestandteil der Offenbarung des Evangeliums. Jesus ist der Heiland, aber auch der Richter. Ich bin zu dem Schluß gekommen, daß Johannes, der Autor der Offenbarung, in Offenbarung 1 Jesus, dem Richter, begegnet. Er hatte ihn als Heiland gekannt. Beim letzten Abendmahl hatte er seinen Kopf an seine Brust gelegt. Er hatte in inniger Gemeinschaft mit ihm gelebt, doch als er ihm als Richter gegenüberstand, fiel er wie tot zu seinen Füßen nieder. Ich denke, der Leib Christi muß Jesus wieder als Richter in den Blick bekommen.

In Matthäus 24 lesen wir jene gewaltigen prophetischen Worte, die Jesus vom Ölberg aus mit Blick auf den Tempel sprach; man findet sie in drei Evangelien, in Matthäus 24, Lukas 21 und Markus 13. Alle drei Versionen haben unterschiedliche Schwerpunkte. Wenn man zum Beispiel eine meiner Predigten mit drei verschiedenen Videokameras filmen würde, dann würden sie alle dieselbe Botschaft wiedergeben, jedoch aus unterschiedlichen Blickwinkeln. Unser Grundtext ist Matthäus 24.

Jesus wurde gefragt: *"Sage uns, wann wird das sein, und was ist* ***das*** *Zeichen deiner Ankunft und der Vollendung des Zeitalters?"* (V.3) Es geht hier nicht um **ein** Zeichen oder **mehrere** Zeichen, sondern um **das** Zeichen. In den folgenden Versen gibt Jesus eine konkrete Antwort. Doch bevor er **das** Zeichen nennt, erwähnt er eine Reihe von **Zeichen**.

Eines dieser Zeichen wird in Vers 7 beschrieben: *"Denn es wird sich Nation gegen Nation erheben und Königreich gegen Königreich, und es werden Hungersnöte und Seuchen sein und Erdbeben da und dort. Alles dies aber ist der Anfang der Wehen."* Das Reich Gottes wird durch eine Geburt entstehen. Man kann es nicht irgendwie organisieren, sondern es muß geboren werden. Dieses Prinzip gilt auch bei jedem einzelnen Menschen: Wer in das Reich Gottes gelangen will, muß von Neuem geboren werden. Es gibt keinen anderen Weg. So gilt auch für die ganze Erde: Wenn das Reich Gottes kommen soll, muß eine Geburt stattfinden. Und es ist ja allgemein bekannt, daß vor einer Geburt die Wehen kommen. Wenn man die Wehen spürt und sie stärker werden und immer häufiger kommen, dann weiß man, daß die Geburt kurz bevorsteht. Ich glaube, daß wir derzeit die Wehen erleben, die die Geburt des Reiches Gottes auf Erden einleiten.

Wie sehen diese Wehen nun aus?

Ethnische Konflikte

"Denn es wird sich Nation gegen Nation erheben und Königreich gegen Königreich..." (V.7). Das griechische Wort für "Nation" lautet "ethnos", von dem sich unser Wort "ethnisch" ableitet. Jesus spricht also über Konflikte zwischen ethnischen Gruppen. Und das ist wirklich eins der auffälligsten Merkmale der derzeitigen Situation in der Welt, und es wird immer schlimmer. Ich persönlich glaube, daß es auch in Zukunft noch schlimmer werden wird.

Vor kurzem hörte ich einen Bericht über die Situation in der GUS und mußte schockiert feststellen, daß kein "ethnos" das andere mochte. Es herrschte Bitterkeit und Feindseligkeit unter ihnen, und sie alle zusammen haßten die Russen. Während unserer Konferenz in Moskau im Frühjahr 1993 offenbarte Gott unter anderem auch diesen Haß, und man bat einander um Vergebung. Daraufhin änderte sich die Atmosphäre. Ich spürte die Kraft des Hasses, der unter diesen ethnischen Gruppen herrscht. "Nation gegen Nation" ist also ein charakteristisches Merkmal der Wehen.

Politische Kriege

Mit der Wendung "Königreich gegen Königreich" sind eher politische Kriege gemeint, wie z.B. die beiden Weltkriege. Ich persönlich bin der Meinung, daß diese Zeit der Wehen mit dem Ersten Weltkrieg begonnen hat.

Haß der Nationen auf die Christen

Das Schlüsselwort in Matthäus 24 ist "dann", da es uns auf eine Abfolge von Ereignissen hinweist. Nachdem es heißt: *"All dies aber ist der Anfang der Wehen"* lesen wir in Vers 9: *"**Dann** werden sie euch in Drangsal überliefern und euch töten; und **ihr** werdet von allen Nationen gehaßt werden um meines Namens willen."* Ich habe in christlichen Kreisen oft die Frage gestellt, wer denn in diesem Vers mit "ihr" gemeint sei. "Ihr", das sind wir alle. Sind wir uns darüber im klaren? Diese Worte richten sich an Nachfolger Jesu. In dieser Zeit der Wehen werden sie *"...euch in Drangsal überliefern und euch töten; und ihr werdet von **allen** Nationen gehaßt werden um meines Namens willen."*

Verrat und Haß unter Christen

*"Und **dann** werden viele verleitet werden und werden einander überliefern und einander hassen"* (V.10). Damit sind auch wieder die Christen gemeint. Angesichts der Verfolgungen werden

viele Christen ihren Glauben aufgeben, und um ihre eigene Haut zu retten, werden sie andere Christen verraten. Das geschieht in Rußland und China vielleicht schon seit einer oder zwei Generationen, wird jedoch noch weiter zunehmen.

Falsche Propheten und Verführung

"...Und viele falsche Propheten werden aufstehen und werden viele verführen" (V.11). Die größte Gefahr, die uns Christen derzeit droht, ist nicht Verfolgung, sondern Verführung und Täuschung. Und Jesus warnte uns mehr vor Verführung als vor irgend etwas anderem. Wer sagt, er könne nie verführt oder getäuscht werden, ist ganz besonders gefährdet. Die Erfahrung vieler Jahre hat mir gezeigt: Das einzige, was uns die Treue bewahren kann, ist nicht unsere Klugheit, nicht unsere Kenntnis der Schrift, nicht unsere Gaben und Talente in unserem Dienst, nicht unser Status, sondern allein die Barmherzigkeit Gottes. Paulus sagte: *"...ich gebe aber eine Meinung als einer, der vom Herrn die Barmherzigkeit empfangen hat, treu zu sein"* (1 Kor 7,25; wörtl.a.d.Engl.). Ich bekenne regelmäßig vor dem Herrn: "Gott, wenn ich treu bleiben werde, liegt das an deiner Barmherzigkeit und nur an deiner Barmherzigkeit, nicht an meiner Klugheit, nicht an meinem Wissen, nicht an den Bibelstellen, die ich auswendig weiß, nicht an meiner Erfahrung, sondern nur an deiner Barmherzigkeit."

Erkaltende Liebe

"...und weil die Gesetzlosigkeit überhand nimmt, wird die Liebe der meisten erkalten" (V.12). Das Wort für "Liebe" in diesem Satz ist jenes berühmte griechische Wort "agape" und bezieht sich in erster Linie auf die Liebe unter Christen. Also könnte man richtigerweise lesen: "...wird die Liebe der meisten Christen erkalten..." Der Grund dafür? "Weil die Gesetzlosigkeit überhandnimmt." Wenn man auf die letzten zwanzig oder dreißig Jahre zurückblickt, muß man unweigerlich zu dem Schluß kommen, daß die Gesetzlosigkeit überhandnimmt! In vielen Ländern gibt es nichts und niemanden mehr, der der Gesetzlosigkeit einen Riegel vorschieben könnte. Die Leute geben der Polizei die Schuld, doch die Polizei kann nur dann für Recht und Ordnung sorgen, wenn die Mehrheit der Bevölkerung Recht und Ordnung achtet. Wenn dem nicht mehr so ist, gibt es keine Möglichkeit, das Recht zu wahren. Und wenn wir nicht wachsam sind, wird aus dieser Atmosphäre der Gesetzlosigkeit heraus unsere Liebe erkalten.

Dann sagt Jesus in Vers 13: *"...wer aber ausharrt bis ans Ende, der wird errettet werden."* Das Griechische ist noch genauer und sagt: "Wer aber bis ans Ende ausgeharrt **hat**, der wird errettet werden." Sie sind jetzt schon gerettet, doch um gerettet zu bleiben, müssen Sie bis ans Ende ausharren, sonst werden Sie nicht gerettet sein. Das ist ein recht düsteres Bild.

Kapitel 3

DIE DREI ZIELE GOTTES

DAS ERSTE ZIEL: DIE VERKÜNDIGUNG DES EVANGELIUMS

Jetzt nähern wir uns den drei Zielen, die Gott erreichen will, bevor das Reich errichtet werden kann.

Wie führt Jesus den Gedankengang in Matthäus 24 weiter? Was kommt nach den Wehen? Der nächste Vers ist wirklich erstaunlich, ja geradezu paradox, denn eigentlich würde man erwarten, daß Jesus angesichts dieser Situation sagen würde: "Versteckt euch, zieht euch zurück. Tut, was ihr könnt, um euch und eure Familie zu schützen. Seid nicht zu auffällig, dann werdet ihr es vielleicht schaffen." Doch in Wirklichkeit sagt er das genaue Gegenteil. (Nun erwähnt Jesus **das** Zeichen; bisher haben wir uns nur **mehrere** Zeichen betrachtet.) In diese Situation hinein sagt er: *"Und dieses Evangelium des Reiches wird gepredigt* (oder: proklamiert) *werden auf dem ganzen Erdkreis, allen Nationen zu einem Zeugnis, und dann wird das Ende kommen"* (V.14). Was ist das letztendliche, abschließende, entscheidende Zeichen? **Die Verkündigung des Evangeliums des Reiches allen Nationen**.

Nebenbei bemerkt, ist hier vom "Evangelium **des Reiches**" die Rede. Viele Prediger predigen die Liebe Jesu, aber nie das Reich. Ein rumänischer Christ sagte einmal: "Solange wir sagten: 'Jesus liebt dich', tat man uns nichts; doch sobald wir sagten: 'Jesus ist König', warf man uns ins Gefängnis." Die Botschaft vom Reich ist nicht sehr populär.

In Apostelgeschichte 17 lesen wir, wie es den Aposteln in Thessalonich erging. Ihre Feinde kritisierten sie: *"Diese, die den Erdkreis aufgewiegelt haben, sind auch hierher gekommen..."* Könnte man das auch über Sie und mich sagen? Haben wir auch den Erdkreis aufgewiegelt? Dann faßten sie die Botschaft der Apostel zusammen: *"...sie sagen, daß ein anderer König sei: Jesus."* So umschrieben die Ungläubigen die Botschaft. Mir drängt sich die Frage auf: Würden Ungläubige das Evangelium, das wir heute predigen, genauso zusammenfassen und umschreiben? Ich glaube nicht. Meistens predigen wir darüber, daß Gott uns hilft - und das ist auch richtig. Doch dabei taucht folgendes Problem auf: Wenn wir Gott so darstellen, gewinnen die Menschen den Eindruck, daß er dafür da sei, ihnen zu helfen. Und das ist die Einstellung der meisten amerikanischen Christen heutzutage: Gott ist ein guter Gott und hilft mir. Doch in Wirklichkeit ist es so: Gott ist nicht für uns da, sondern wir sind für Gott da. Das Entscheidende ist nicht, daß Ihnen geholfen wird, sondern daß Gott verherrlicht wird. Man muß das Ganze von einer anderen Seite her betrachten.

Nach all den Zeichen sind wir also nun bei **dem** Zeichen angelangt, wenn Jesus sagt: *"Und dieses Evangelium des Reiches wird proklamiert werden auf dem ganzen Erdkreis, allen Nationen zu einem Zeugnis, und dann wird das Ende kommen."* Zu diesem Aspekt der Weiterverbreitung des Evangeliums lesen wir kurz noch Offenbarung 7,9-10. In der ersten Hälfte dieses Kapitels geht es darum, daß 144 000 junge, jüdische Männer mit dem Evangelium in die Welt hinausgehen. Ab Vers 9 werden die Auswirkungen dieses Ereignisses beschrieben: *"Nach diesem sah ich: und siehe, eine große Volksmenge, die niemand zählen konnte, aus jeder Nation und aus Stämmen und Völkern und Sprachen, stand vor dem Thron und vor dem Lamm, bekleidet mit weißen Gewändern und Palmen in ihren Händen. Und sie rufen mit lauter Stimme und sagen: Das Heil unserem Gott, der auf dem Thron sitzt, und dem Lamm!"*

Hier werden Menschen aus allen Nationen, Stämmen, Völkern und Sprachen erwähnt. Das heißt: Menschen aller Sprachen und aus allen Stämmen, jede ethnische Gruppe muß mit dem Evangelium erreicht werden. Meiner Meinung nach wacht Gott eifersüchtig darüber, daß sein Sohn die Ehre bekommt. Am Ende wird Jesus für keine ethnische Gruppe, für keine Sprachgruppe umsonst gestorben sein. Es wird mindestens ein Repräsentant jeder Gruppe vor dem Thron stehen.

Doch sie werden das Evangelium nur dann hören, wenn es ihnen jemand predigt. Die oberste Priorität der Gemeinde Jesu Christi ist die Verkündigung des Evangeliums des Reiches - in aller Welt und allen Nationen. Man muß jedoch der Wahrheit ins Auge sehen, daß dies in vielen christlichen Gemeinden derzeit einen sehr geringen Stellenwert hat. Ich denke, daß viele Christen nicht wissen, daß dies überhaupt ein Thema ist. Wir brauchen hier eine gewaltige Kurskorrektur und Veränderung; wir brauchen das, was man so gerne als "Erweckung" bezeichnet. Wir brauchen diese Erweckung, Leute wie Sie und ich, nicht die Leute draußen in der Stadt, nicht die Leute in den sogenannten "traditionellen Kirchen", nein, wir brauchen eine Erweckung. Die Bibel sagt: *"Wer in der Ernte schläft, ist ein schandbarer Sohn"* (Spr 10,5) und unsere Gemeinden sind voll von Söhnen, die in der Ernte schlafen.

DAS ZWEITE ZIEL:
DIE WIEDERHERSTELLUNG ISRAELS

Kommen wir zum zweiten Ziel Gottes, das erreicht werden muß, ehe das Ende kommen kann: die Wiederherstellung Israels. Mit "Israel" meine ich auch wirklich Israel und nicht den Leib Christi. Es ist unsäglich viel Verwirrung unter den Christen entstanden, weil einige Leute damit angefangen haben, den Leib Christi als "Israel" zu bezeichnen. Das Wort "Israel" erscheint neunundsiebzigmal im Neuen Testament. Ich habe jede einzelne dieser Stellen unter die Lupe genommen und bin zu dem Schluß gekommen, daß mit "Israel" **nie** der Leib Christi gemeint ist. Es ist ganz einfach: Israel ist Israel und die Gemeinde ist die Gemeinde. Gott hat einen Plan für alle zwei und genug für beide. Er braucht nicht die eine Seite zu berauben, um die andere segnen zu können. In unserer Zeit stiftet vermutlich nichts so viel Verwirrung innerhalb der Christenheit wie dieses falsche Verständnis der Identität Israels.

Interessanterweise haben die Juden parallel dazu ein falsches Verständnis der Identität der Christen. Wenn sie über "die Christen" sprechen, meinen sie damit Menschen wie Adolf Hitler. Er war ein getaufter Katholik. Sie scheren uns alle über einen Kamm, bis Gott ihnen die Wahrheit aufschließt und zu ihnen spricht. Seien wir ehrlich (auch wenn es vielleicht schockierend ist): Die Juden fürchten sich am meisten vor den Christen.

Ein Jude, der sein eigenes Volk einigermaßen gut kennt, könnte eine Stunde lang einfache, grundlegende, geschichtliche und authentische Gründe dafür nennen, warum die Juden die Christen mehr fürchten als jede andere Gruppierung auf Erden.

Gehen wir nun nochmal zu Matthäus 24 und achten wir auf die dramatische Verlagerung des Brennpunkts, so als ob man bisher wie auf einem Bildschirm die ganze Welt gesehen hätte und sich nun der Bildausschnitt plötzlich stark verkleinert und eine einzige, kleine Gegend der Welt in den Mittelpunkt rückt - Jerusalem und das Land Israel.

So lesen wir weiter in Vers 15: *"Wenn ihr nun den Greuel der Verwüstung, von dem durch Daniel, dem Propheten, geredet ist, an heiliger Stätte stehen seht..."* Im Licht der Bibel gibt es meinem Verständnis nach nur eine "heilige Stätte", nämlich den Tempelbereich. *"...dann sollen die in Judäa auf die Berge fliehen."* Es heißt nicht: "an die Westbank". Der Brennpunkt ist jetzt auf einmal ein ganz anderer. Zuerst ging es um alle Nationen und die ganze Welt; jetzt dreht sich alles um die Stadt Jerusalem und das jüdische Volk in seinem Land.

Eine Parallelstelle hierzu finden wir in Römer 11,25-26. Paulus schreibt hier an Christen, die aus einem nichtjüdischen Hintergrund kommen: *"Denn ich will nicht, Brüder, daß euch dieses Geheimnis unbekannt sei, damit ihr nicht euch selbst für klug haltet: Verstockung ist Israel zum Teil widerfahren, bis die Vollzahl der Nationen eingegangen sein wird; und so wird ganz Israel errettet werden..."* Es wäre sicher interessant, alle Stellen im Neuen Testament herauszusuchen, in denen Paulus sagt, er wolle nicht, daß Christen etwas unbekannt sei. Dabei würden wir wahrscheinlich feststellen, daß uns genau diese Dinge unbekannt sind, von denen Paulus möchte, daß sie uns eben nicht unbekannt sind.

Wie lautet nun dieses besondere Geheimnis Gottes? *"Verstockung ist Israel zum Teil widerfahren, bis die Vollzahl der Nationen eingegangen sein wird; und so wird ganz Israel errettet werden..."* Dieser Vers bildet gleichsam die Brücke zwischen Matthäus 24,14 und 24,15. Zunächst muß die Vollzahl der Nationen eingehen, jeder Nichtjude, der von Ewigkeit her von Gott zum Heil ausersehen ist. Dann wird **ganz** Israel gerettet werden. Israel ist die einzige Nation, der die Bibel verheißt, daß sie als Ganzes gerettet werden wird.

In diesem Zusammenhang ist jedoch noch ein weiterer Aspekt von Bedeutung: *"Wäre die Zahl der Söhne Israels wie der Sand des Meeres, nur* **der** *Überrest wird errettet werden"* (Röm 9,27). Es heißt hier nicht **ein** Überrest, sondern **der** Überrest, nämlich der Überrest, der von Gott auserwählt und im voraus erkannt worden ist. Wenn es heißt, **ganz** Israel werde gerettet werden, dann wird ganz Israel dieser Überrest sein, d.h. die ganze Nation, die übrig ist. Israel muß viel durchmachen, bevor dies geschieht. Die Bibel bezeichnet diese Zeit als "Bedrängnis für Jakob".

Ich halte es für wichtig, daß wir alle erkennen, welchen besonderen Platz die Juden im Rahmen der Ziele Gottes einnehmen. Für viele Nichtjuden ist das ein großer Brocken, den es zu schlucken gilt, denn die meisten von uns, die nicht aus einem jüdischen Hintergrund kommen, wurden dazu erzogen, die Juden mehr oder weniger zu verachten oder über sie zu spotten. Ich komme aus keinem jüdischen Hintergrund, war aber auch nie ein Antisemit. Ich erinnere mich jedoch daran, daß sogar in meiner Familie, einer kultivierten, britischen Familie, stets ein etwas anderer Ton angeschlagen wurde, wenn man über die Juden sprach. Es herrschte eine andere Atmosphäre. Den meisten Nichtjuden ist dies in Fleisch und Blut übergegangen, und Paulus sagt, wir sollen vorsichtig sein. Er sagt, wir sind nicht der Stamm, sondern die Zweige. Dabei dürfen wir eins nicht vergessen: Nicht die Zweige tragen den Stamm, sondern der Stamm trägt die Zweige. Der Stamm ist Israel. Viele Christen müssen diesbezüglich ihr Denken grundlegend verändern, denn Gott wird die Nationen auf der Grundlage ihrer Einstellung zu den Juden richten.

Ich sprach mit einem jungen Mann aus dem moslemischen Kulturkreis, der in Algerien geboren wurde und sich nach einer dramatischen Begegnung mit Jesus Christus zu ihm bekehrt hatte. Er fing an, mit Gott über die Stellung der Juden zu diskutieren. Der Herr sagte zu ihm: "Du bist im Grunde nicht gegen die Juden, sondern gegen mich." Dadurch änderte sich seine Einstellung.

Schließlich waren es nicht die Juden, die sich selbst auserwählt hatten; Gott hat die Juden auserwählt. Wäre es den Juden überlassen gewesen, hätten sie sich selbst garantiert nicht auserwählt. Sie machen sich keine Vorstellung, wie liebend gern die Juden die Verantwortung ablegen würden, das auserwählte Volk zu sein. Gerade in unserer Zeit unternimmt die israelische Regierung alles, was in ihrer Macht steht, um diese Verantwortung loszuwerden. Doch das wird ihr nicht gelingen. Der israelische Premierminister sagte am ersten Tag seiner Amtszeit in einer offiziellen Erklärung: "Wir sind eine Nation wie jede andere." Das hört sich gut an, stimmt aber nicht. Sie haben es sich nicht ausgesucht, wir haben es uns nicht ausgesucht - Gott hat es so gewollt. Wenn Sie ein Problem mit den Juden haben, dann haben Sie im Grunde ein Problem mit Gott. Ich glaube, daß Gott immer die richtige Entscheidung trifft - in unserem Leben, im Leib Christi und unter den Nationen.

Wenn es mir überlassen geblieben wäre, hätte ich mich anders entschieden. Doch Gott überließ es nicht mir. Es gibt viele Dinge, die er nicht mir überließ. Ich bin so dankbar dafür, daß er es nicht mir überließ, mir eine Frau zu suchen. Ich bin das zweite Mal verheiratet, und jedesmal hat Gott mir meine Frau ausgesucht und dabei eine wunderbare Wahl getroffen. Ich bin dankbar dafür und kann nur sagen: Ich bin nicht schlau genug und kenne die Menschen nicht gut genug, um die richtige Entscheidung treffen zu können. Gott traf sie für mich. Völlig unerwartet griff er ein.

Es war Gottes Entscheidung, die Juden auszuwählen. Er weiß, was er tut. Ich persönlich glaube, daß er der Einzige ist, der mit den Juden fertig wird. Ich will ihnen damit nicht zu nahetreten, sondern lediglich sagen, daß der Umgang mit ihnen nicht gerade leicht ist. Doch Gott sagt, er habe die Verantwortung übernommen und werde letztendlich tun, was er versprochen hat. Jesus sagte: *"Die Weisheit ist gerechtfertigt worden von allen ihren Kindern"* (Lk 7,35). Mit anderen Worten: Was die Weisheit hervorbringt, rechtfertigt, wofür sie sich zuvor entschieden hat. Gott ist noch nicht fertig. Beurteilen Sie das Produkt erst, wenn es fertig ist.

Das ist sehr, sehr wichtig für die USA. Ich selbst bin Brite, und Großbritannien hatte einmal das Mandat über das damalige "Palästina". Als die Vereinten Nationen beschlossen, dem jüdischen Volk einen kleinen Landstrich zu geben, sagte die britische Regierung, sie würde alles bis auf einen Krieg riskieren, um das zu verhindern. Ich war damals in Palästina Soldat der britischen Armee und habe diese Dinge mit eigenen Augen miterlebt. Großbritannien hatte ein gewaltiges "Empire" und es standen 40 Millionen Araber mit modernen Armeen gegen 600 000 Juden mit nur wenigen Waffen. Und wer hat gewonnen? Was kam für Großbritannien dabei heraus? Das britische Empire ist zerfallen. Ab dem Zeitpunkt, an dem sich das britische Empire gegen die Ziele Gottes für Israel stellte, ging es mit ihm abwärts. Als sie sagten, sie seien für die Juden, waren das nur

Lippenbekenntnisse. Ihre Taten sprachen eine andere Sprache.

Die amerikanische Regierung wandelt derzeit in den Fußstapfen Großbritanniens. Im Grunde widersetzt sie sich den Absichten Gottes für Israel. Sie tut es mit netten, höflichen Worten und setzt Friedensprozesse in Gang, doch bei näherem Hinsehen wird eine antisemitische Einstellung offenbar. Ja, die Politiker wissen, wie sie sich den Christen erklären können; sie wissen, welche Worte sie wählen müssen. Das können Politiker eben: Sie reden mit jeder Gruppierung so, daß diese den Eindruck bekommt, sie seien für sie. Doch wenn es um die Fakten geht, sieht es ganz anders aus. Das ist nur meine ganz persönliche Meinung. Ich glaube, daß im Endeffekt kein Politiker, der sich gegen Israel stellt, Erfolg haben wird; keiner Nation, die sich gegen Israel stellt, wird es gutgehen.

Lesen wir zur Vertiefung noch Joel 4,1-2: *"Denn siehe, in jenen Tagen und zu jener Zeit, wenn ich die Verbannten Judas und Jerusalems zurückbringen werde..."* Damit ist die Zeit der Sammlung des jüdischen Volks gemeint, in der wir jetzt leben. *"...dann werde ich alle Nationen versammeln..."* Hier geht es um alle heidnischen Nationen; das hebräische Wort dafür ist "goim". *"...und sie ins Tal Joschafat hinabführen* ("Joschafat" heißt "Jahwe richtet"). *Und ich werde dort mit ihnen ins Gericht gehen wegen meines Volkes und meines Erbteils Israel, das sie unter die Nationen zerstreut haben. Und mein Land haben sie geteilt..."* Gott sagt also: "Ich werde die Nationen auf der Grundlage dessen richten, wie sie sich gegenüber den Juden verhalten haben." Ob es uns gefällt oder nicht - so wird es sein. Es ist in unserem eigenen Interesse, dies zu beachten.

Es heißt hier zudem, sie hätten die Juden nicht nur unter die Nationen zerstreut, sondern auch **das Land aufgeteilt**. Gott spricht hier nicht von **ihrem** Land, sondern von **meinem** Land. Wir dürfen nicht vergessen, daß das Land in erster Linie Gott gehört. In zweiter Linie gehört es Israel, weil Gott es Israel gegeben hat.

Als Brite muß ich sagen, daß Großbritannien die Hauptverantwortung trägt. Denn um 1920 gab der Völkerbund Großbritannien das Mandat für dieses Gebiet in der konkreten Annahme, daß die Briten dem jüdischen Volk eine nationale Heimat schaffen würden. Doch 1922 machte die britische Regierung mit einem einzigen Federstrich aus 76 Prozent des zugeteilten Landes einen arabischen Staat (der ursprünglich "Transjordanien" hieß, also das heutige Jordanien), in dem kein Jude leben darf. Das heißt, es blieben 24 Prozent übrig. Dann boten die Vereinten Nationen den Juden ungefähr 10 Prozent der restlichen 24 Prozent an und schließlich griff Gott ein. Niemand weiß, wie sich die heutige Situation entwickeln wird, doch eines ist sicher: Gott wird alle Nationen aufgrund dessen richten, wie sie sich gegenüber den Juden verhalten haben.

Die eben zitierte Passage aus Joel 4,1-2 wird in Matthäus 25,31 aufgegriffen. Dort lesen wir auch über das kommende Reich und den kommenden König: *"Wenn aber der Sohn des Menschen kommen wird in seiner Herrlichkeit und alle Engel mit ihm, dann wird er auf seinem Thron der Herrlichkeit sitzen...* (damit ist sein Thron auf Erden gemeint; derzeit sitzt er auf dem Thron seines Vaters) *...und vor ihm werden versammelt werden alle Nationen* ("goim"), *und er wird sie voneinander scheiden, wie der Hirte die Schafe von den Böcken scheidet."* Es werden also alle Nationen vor dem Herrn Jesus versammelt werden, wenn er als König kommt. Er wird sie in zwei Gruppen teilen: Die Schafe zur Rechten, die Böcke zur Linken. Bei sorgfältiger Lektüre dieses Kapitels stellt man fest, daß die Nationen danach beurteilt werden, wie sie die Brüder Jesu behandelt haben: *"Wenn ihr es einem der geringsten dieser meiner Brüder getan habt, habt ihr es mir getan.... wenn ihr es einem dieser Geringsten nicht getan habt, habt ihr es auch mir nicht getan"* (V.40.45). Gott hat sich dafür entschieden, den Umgang der Nationen mit den Brüdern Jesu zur Grundlage seines Gerichts zu machen.

Und dieses Gericht ist außerordentlich streng. Zu den Schafen sagt er: *"Kommt her, Gesegnete meines Vaters, erbt das Reich, das euch bereitet ist von Grundlegung der Welt an"* (V.34). Damit ist das Reich Jesu auf Erden gemeint. Zu den Nationen, die die "Böcke" sind, sagt er: *"Geht von mir, Verfluchte, in das ewige Feuer, das bereitet ist dem Teufel und seinen Engeln!"* (V.41)

In der politischen Arena ist es also in dieser Zeit das vorrangige Ziel Gottes, das jüdische Volk in seinem eigenen Land zu sammeln, als Vorbereitung darauf, daß das Volk wieder Gottes Eigentum sein wird. Nur wenige von uns können nachvollziehen, was für ein gewaltiges Wunder es ist, daß die Juden neunzehn Jahrhunderte lang in über 100 Nationen versprengt waren und immer wieder mit allen möglichen Methoden gedrängt wurden, ihre eigene Identität aufzugeben, und dennoch ein spezielles, unverwechselbares Volk geblieben sind. Seit knapp neunzig Jahren werden sie aus diesen mehr als 100 Nationen zurückgeholt. Was für ein Wunder! Das ist eine der größten Demonstrationen aller Zeiten, daß Gott die Menschheitsgeschichte lenkt!

Meine erste Frau war Dänin. Sie sagte immer: "Wenn man die Dänen in alle Nationen verstreuen und nach zweihundert Jahren zurückkommen und nach ihnen suchen würde, würde man nirgendwo mehr einen Dänen finden. Sie hätten sich alle angepaßt." Doch die Juden waren an die 2000 Jahre versprengt, einige von ihnen sogar noch länger. Die Juden im Jemen und einige Juden im Irak waren 2500 Jahre lang versprengt gewesen. Aber sie blieben ein unverwechselbares, leicht identifizierbares Volk. Und daß sie in dieses Land zurückgebracht wurden, ist meiner Meinung nach ein Wunder, das dem Auszug aus Ägypten in nichts nachsteht. Vergegenwärtigen wir uns nur, was bereits geschehen ist:

In jüngerer Vergangenheit sind innerhalb von zwei Jahren 400 000 russische Juden nach Israel zurückgekehrt. In Israel leben ungefähr vier Millionen Juden. Die Neueinwanderer machten also 10 Prozent aus. Diese Leute hatten nichts; sie waren arm und oft bei schlechter Gesundheit. Sie alle mußten integriert werden. Was würde das z.B. auf die USA übertragen bedeuten? Das würde bedeuten, daß die USA innerhalb von zwei Jahren 27 Millionen Neueinwanderer integrieren müßte (und dabei hat diese Nation weitaus größere Ressourcen als Israel). Dennoch würde eine amerikanische Regierung nicht einmal im Traum daran denken, so etwas zu tun. Aber in Israel ist es geschehen, und zwar weil Gott es wollte.

DAS DRITTE ZIEL: DER LEIB CHRISTI WIRD ZUR BRAUT CHRISTI

Wenden wir uns nun der dritten und letzten Entwicklung zu, die noch stattfinden muß. Ich sage damit nicht, daß ich diese Dinge in chronologischer Reihenfolge aufgeführt habe; ich gebe lediglich die Reihenfolge wieder, in der sie in der Schrift erscheinen, und ich denke hinter dieser Reihenfolge steckt eine gewisse Logik.

Der dritte Punkt wäre also: Die Gemeinde Jesu wird darauf vorbereitet, die Braut Jesu zu sein. Lesen wir hierzu Offenbarung 19,6-8: *"Und ich hörte etwas wie eine Stimme einer großen Volksmenge und wie ein Rauschen vieler Wasser und wie ein Rollen starker Donner, die sprachen: Halleluja! Denn der Herr, unser Gott, der Allmächtige, hat die Herrschaft angetreten. Laßt uns fröhlich sein und frohlocken und ihm die Ehre geben; denn die Hochzeit des Lammes ist gekommen, und sein Weib* (der Leib Christi) *hat sich bereitgemacht. Und ihr wurde gegeben, daß sie sich kleide in feine Leinwand, glänzend, rein; denn die feine Leinwand sind die gerechten Taten der Heiligen."* Hier müssen wir festhalten, daß sich die Braut nicht mehr vorbereiten wird, wenn die Hochzeit schon begonnen hat. Dann wird sie bereit sein. Mit anderen Worten: Jetzt ist die Zeit der Vorbereitung. Wenn die Hochzeit beginnt, wird es zu spät sein, die Vorbereitungen anlaufen zu lassen. Die Braut hat sich bereitgemacht.

Durch eine Reihe recht ungewöhnlicher Umstände habe ich die Vaterrolle für elf Töchter übernommen und alle bis auf eine sind verheiratet. Ich nahm nicht an allen Hochzeiten teil, aber ich weiß, daß ihre Hochzeit etwas Aufregendes für sie war. Das geht den meisten Frauen so. Sie nehmen sich viel Zeit für die Vorbereitungen. Sie denken über ihr Brautkleid nach. Sie planen die Feier. Sie suchen sich die Brautjungfern aus. Sie gehen in Gedanken den Ablauf durch. Und doch ist all das nur ein kleiner Vorgeschmack darauf, was es heißt, daß sich die Braut Christi bereitmacht. Wenn Sie sich jetzt nicht vorbereiten, kann ich mir nicht vorstellen, wie Sie je bereit sein wollen. Wenn Ihnen vielleicht nicht einmal klar ist, daß Sie sich vorbereiten müssen, wie wollen Sie dann jemals bereit sein? Es sind viele Vorbereitungen notwendig.

Der Hochzeitstag ist vermutlich der wichtigste Tag im Leben der meisten Frauen! Dasselbe gilt für die Gemeinde. Und darauf muß sie sich vorbereiten. *"Sein Weib hat sich bereitgemacht"*, heißt es hier, nicht "macht sich gerade bereit" oder "bereitet sich in allerletzter Sekunde voller Panik vor", sondern "hat sich bereitgemacht".

In diesem Zusammenhang möchte ich drei Dinge nennen, die von der Braut Christi verlangt werden:

1. Totale Loyalität gegenüber Jesus

Die Braut muß eine Herzensbeziehung zu ihm haben, nicht nur eine lehrmäßige oder intellektuelle Beziehung. Sie braucht ein Herz, das Jesus den ersten Platz einräumt, den er sich mit niemandem und nichts anderem teilen muß.

Meine Frau Ruth und ich lieben einander als Mann und Frau. Wir haben eine herrliche Ehe, wofür wir Gott danken. Doch für jeden von uns ist ohne jeden Zweifel klar: Jesus steht an erster Stelle. Wir lassen die Beziehung zu unserem Ehepartner nie wichtiger werden als die Beziehung zu Jesus. Das ist ein Grund, warum unsere Ehe gut ist. Denn wenn Jesus an der richtigen Stelle ist, nehmen die anderen Dinge automatisch ihren richtigen Platz ein.

Paulus schreibt an die Gemeinde in Korinth: *"Denn ich eifere um euch mit Gottes Eifer; denn ich habe euch einem Mann verlobt, um euch als eine keusche Jungfrau vor den Christus hinzustellen"* (2 Kor 11,2). Wenn hier "verlobt" steht, kann man das zwar mit unserer heutigen Verlobung vergleichen, doch damals war eine Verlobung absolut verbindlich, so verbindlich wie die Ehe selbst. Man konnte sie nicht auflösen. Sie war jedoch noch nicht die Ehe an sich.

Paulus spricht den Korinthern gegenüber von einer **keuschen** Jungfrau. Wie war es nun um die Korinther bestellt? In 1. Korinther 6,9 lesen wir, welche Leute zur Gemeinde dort gehörten: *"Oder wißt ihr nicht, daß Ungerechte das Reich Gottes* *nicht erben werden? Irrt euch nicht! Weder Unzüchtige noch Götzendiener, noch Ehebrecher, noch Homosexuelle, noch Knabenschänder, noch Diebe, noch Habsüchtige, noch Trunkenbolde, noch Lästerer, noch Räuber werden das Reich Gottes erben."* (Man kann in diesem Zusammenhang auch von "vorehelichem Geschlechtsverkehr" sprechen, wenn man will. Das ändert nichts an der Tatsache: Wenn man dies praktiziert, wird man das Reich Gottes nicht erben und gerät ins Aus, es sei denn, man tut Buße und ändert seinen Lebensstil.) Paulus schließt diese Passage mit den Worten: *"Und das sind manche von euch gewesen"* (V.11).

Verbinden Sie diese Aussage nun mit den oben zitierten Worten aus 2. Korinther 11,2, wo er davon spricht, er würde die Korinther als **"keusche Jungfrau"** vor Jesus hinstellen. Ist das nicht ein gewaltiges Zeugnis für die immense Kraft des Blutes Jesu! Sie waren die Niedrigsten der Niedrigen, doch durch den Glauben an Jesus und durch die Kraft seines Blutes konnte Paulus sie als "keusche Jungfrau" bezeichnen. Als solche "verlobte" er die Korinther mit Christus.

Im folgenden Vers verleiht Paulus seiner Sorge Ausdruck, ob die Braut dem Bräutigam bis zur Hochzeit treu und hingegeben bleibt: *"Ich fürchte aber, daß, wie die Schlange Eva durch ihre List verführte, so vielleicht euer Sinn von der Einfalt Christus gegenüber abgewandt und verdorben wird"* (2 Kor 11,3). Das ist die Gefahr, die uns in der Zeit zwischen der Verlobung und der Hochzeitsfeier droht: Unser Sinn könnte verdorben und von der Einfalt und Lauterkeit, die in Christus Jesus sind, abgewandt werden. Und leider muß ich feststellen, daß dies mit unzähligen Christen geschieht. Mit dafür verantwortlich ist die sogenannte "New Age"-Lehre, die viele Christen beeinflußt, ihren Sinn verdirbt und von der Einfalt und Lauterkeit abwendet, die in Christus Jesus sind.

Ein weiterer Faktor sind viele verschiedene Aspekte der Theologie. Ich persönlich bin kein Freund der Theologie. Ich hatte schon mit zu vielen Menschen zu tun, die als Gläubige eine theologische Ausbildung anfingen und diese als Ungläubige abschlossen. Ich glaube an das systematische Studium der Bibel, doch wenn sich die Menschen zu sehr mit dem intellektuellen Verständnis der Bibel beschäftigen, verlieren sie dabei meistens ihren Glauben. Wenn sich die Gemeinde in erster Linie mit Wissen und Bildung beschäftigt, leidet darunter meistens ihr geistliches Leben.

Wie wichtig diese Warnung doch ist, die Einfalt und Lauterkeit des Glaubens an Christus zu bewahren! Vor etlichen Jahren sagte der Herr zu Ruth und mir: "Ihr habt die Einfalt des Glaubens eurer Anfangszeit verloren. Ich möchte, daß ihr dorthin zurückkehrt." Wer frisch bekehrt ist, glaubt, daß Gott jedes Gebet erhört. Er betet für lächerliche Dinge, die dann wirklich geschehen. Doch im Lauf der Zeit werden wir immer klüger und denken: "Aber...?", "Wenn...?" und schon haben wir die Einfalt und Lauterkeit des Glaubens unserer Anfangszeit als Christ verloren. Deshalb sagte Paulus auch: "Ich mache mir Sorgen über euch, denn nur, wenn ihr so bleibt, wie ihr angefangen habt, werdet ihr die Braut Christi sein können."

Auch in der oben zitierten Passage in 1. Korinther 6 folgt eine Beschreibung der Braut Christi. Vergegenwärtigen Sie sich diese gewaltigen Worte, mit denen Paulus den Übergang von früher zu jetzt beschreibt. Als letztes sagte er: *"Und das sind manche von euch gewesen..."* Doch jetzt kommt das große Aber: *"...aber ihr seid abgewaschen, aber ihr seid geheiligt, aber ihr seid gerechtfertigt worden durch den Namen des Herrn Jesus und durch den Geist unseres Gottes"* (V.11). So müssen wir sein, um zur Braut Christi gehören zu können: abgewaschen, geheiligt und gerechtfertigt.

Die Bibel zeichnet jedoch auch - unter anderem in Offenbarung 17 - das krasse Gegenbild zur Braut: die Hure. Worin liegt der Unterschied zwischen der Braut und der Hure? Die Braut hat ihre Hingabe an Jesus festgehalten, die Hure hat sich von ihr abgewandt. Ich behaupte, daß es heute in der Welt eine "Hurengemeinde" gibt, die zusehends wächst, eine Gemeinde, die aus Leuten besteht, die ihre anfängliche Hingabe an Jesus fallengelassen haben und sich mit allen möglichen unbiblischen Dingen beschäftigen. Halten Sie fest an der Einfalt und Lauterkeit des Glaubens in Jesus Christus!

2. Herzenssehnsucht nach der Wiederkunft des Bräutigams

Diese zweite Anforderung an die Braut Christi finden wir in Hebräer 9,28: *"...so ist auch Christus nur einmal geopfert worden, um vieler Sünden zu tragen. Nun wird er zum zweiten Male, ohne wieder die Sünde auf sich zu nehmen, denen erscheinen, die* ***mit Sehnsucht*** *auf ihn warten, um ihnen Errettung zu bringen"* (Albrecht). Wem wird er erscheinen? Denen, die mit Sehnsucht auf ihn warten, denen, die bis aufs Äußerste gespannt und voller Vorfreude sind. Anderen erscheint er nicht zur Errettung. Das ist einfachste Logik. Es sollte die größte Sorge der Braut sein, auf die Wiederkehr ihres Bräutigams vorbereitet zu sein; sie soll ihn mit Sehnsucht erwarten. Ein Freund von mir, der die Dinge immer recht prägnant ausdrückt, sagte zu diesem Thema einmal: "Wenn Jesus wiederkommt, wird es nicht ausreichen zu sagen: 'Schön, daß du wieder da bist.' Er erwartet mehr als das." Sehnen Sie sich nach der Wiederkunft des Bräutigams? Haben Sie ein Verlangen danach? Warten Sie **mit Sehnsucht** darauf?

3. Die richtige Kleidung

Die dritte Anforderung an die Braut bezieht sich auf das Brautkleid. Jeder weiß, daß das Brautkleid mit das Wichtigste überhaupt für die Braut ist. Ich denke dabei unweigerlich an ein völlig unreligiöses Ehepaar, das sich vor einigen Jahren in einer befreundeten Gemeinde bekehrte. Zur Taufe kreuzte die Frau in einem gestrickten Bikini auf. Ich fand es schön, mal jemanden zu haben, der von religiösen Dingen keine Ahnung hatte. Doch eben dieser Anblick signalisierte mir, daß wir als Braut Christi mehr brauchen als einen Bikini!

"Laßt uns fröhlich sein und frohlocken und ihm die Ehre geben; denn die Hochzeit des Lammes ist gekommen, und sein Weib hat sich bereitgemacht. Und ihr wurde gegeben, daß sie sich kleide in feine Leinwand, glänzend, rein; ***denn die feine Leinwand sind die gerechten Taten der Heiligen****"* (Offb 19,8). Mit anderen Worten: Wenn Sie ein Brautkleid wollen, müssen Sie gerechte Taten vorweisen können. Die Dinge, die Sie für den Herrn getan haben, werden Ihre Kleidung sein. Und bei einigen Christen reicht es derzeit zu nicht viel mehr als zu einem Bikini! Sie brauchen etwas anderes zum Anziehen! Wir werden uns mit dem kleiden, was wir für den Herrn getan haben.

In den Sendschreiben an die sieben Gemeinden in Offenbarung 2 und 3 fällt auf, daß Jesus einen Satz zu jeder Gemeinde sagt: *"Ich kenne deine* ***Werke****."* Er sagt nicht: "Ich kenne deine Lehraussagen, deine konfessionelle Stellung, deinen theologischen Hintergrund", sondern: "Ich weiß, was du **tust**." Unser Brautkleid wird nicht aus Lehre, sondern aus Taten bestehen. Es ist nicht immer leicht, dem Herrn zu dienen. Manchmal ist die Opposition sehr stark. Doch das nächste Mal, wenn Sie dem Herrn ganz aufrichtig dienen wollen und wieder unter Druck geraten, sollten Sie sich vor Augen führen, daß all das zu Ihrem Hochzeitskleid beiträgt, und schon sehen Sie die Situation mit anderen Augen.

Fassen wir nun die drei Ziele Gottes noch einmal zusammen, die erreicht werden müssen, bevor das Reich Gottes auf Erden errichtet wird:

1. Das Evangelium muß allen Nationen verkündigt werden.

Ich glaube, das ist eine Verantwortung, die der gesamte Leib Christi zu tragen hat. Kein Christ ist davon ausgenommen. Das ist nicht die Aufgabe einiger Profis oder der Leute, die man "Missionare" nennt. Jeder überzeugte Christ ist hierfür verantwortlich.

2. Israel muß wiederhergestellt werden.

Zunächst muß es sein Land wiederbekommen, dann muß es wieder das Volk seines Gottes werden. Die Rückführung der Juden in ihr Land dient dem Zweck der Rückführung zu ihrem Gott. In Hesekiel 36,28 formuliert Gott das letztendliche Ziel: *"Und ihr werdet in [eurem eigenen] Land wohnen...und ihr werdet mir zum Volk, und ich, ich, werde euch zum Gott sein."* Der Rest, also alle politischen und militärischen Verhandlungen, sind nur Teil dieses Prozesses.

Es gibt einen Grund, warum Israel wieder gesammelt werden muß: Gott wird an den Juden nicht nur als Gruppe von Einzelpersonen handeln, sondern als ganze Nation. Denn er schloß einen Bund mit ihnen - nicht mit einer Gruppe von Einzelpersonen, sondern mit einer Nation. Und um an ihnen als Nation handeln zu können, muß er sie erst einmal an einem Ort sammeln. Und der einzige Ort, an dem dies geschehen wird, ist der Ort, den er ihnen ursprünglich gegeben hat.

3. Die Vorbereitung der Braut.

Dazu gehören unbedingte Loyalität Jesus gegenüber, eine Herzenssehnsucht nach ihm und gerechte Taten.

Ich fordere jeden von Ihnen auf, darüber nachzudenken, inwieweit Sie im Einklang mit den Absichten Gottes stehen. Das nächste Mal, wenn Sie "Dein Reich komme" beten, sollten Sie daran denken, daß dies die Verpflichtung mit sich bringt, mit den Zielen und Absichten im Einklang zu stehen, die mit dem Kommen des Reiches zusammenhängen.

B)

OHNE FURCHT IN DIE ENDZEIT

EINLEITUNG

Die Bibel hat viel über die "letzten Tage" oder die "Endzeit" zu sagen. Dieses Thema zieht sich vom 1. Buch Mose bis zur Offenbarung durch die gesamte Heilige Schrift und ist für einen Christen von großer Bedeutung. Doch in Gesprächen, die ich in letzter Zeit führte, wurde mir zu meinem Erstaunen eins klar: Auch die Menschen in der Welt kommen mehr und mehr zu der Überzeugung, daß die Zeit ihrem Ende zugeht und wir in den "letzten Tagen" leben.

In verschiedenen prophetischen Botschaften wurde schon gesagt, daß diese "Endzeit" eine Zeit schwerer Prüfungen sein wird. Ich glaube, daß die Menschheit die schwersten Prüfungen durchmachen wird, die sie je erlebt hat. Ich möchte zunächst erörtern, wie diese schweren Prüfungen aussehen, und mich anschließend mit der praktischen Frage beschäftigen, wie wir diesen turbulenten Zeiten getrost und furchtlos entgegengehen können.

Kapitel 1

WIE WIRD DIE ENDZEIT SEIN?

EINE BÖSARTIGE ZEIT

In 2. Timotheus 3,1 sagt Paulus zu Timotheus: *"Dies aber wisse, daß in den letzten Tagen schwere Zeiten eintreten werden..."* Er leitet diese Passage mit sehr eindringlichen Worten ein: "Dies aber wisse". Man könnte auch sagen: "Eins ist gewiß!" oder "Das darfst du auf keinen Fall vergessen!" Das Wort, das hier mit "schwer" wiedergegeben wird, taucht im griechischen Neuen Testament nur noch ein weiteres Mal auf und zwar bei der Beschreibung zweier Besessener, die Jesus am Ostufer des Sees Genezareth begegneten. Dort wird es mit "bösartig" übersetzt. Es heißt von ihnen: *"Sie waren* ***sehr bösartig****..."* (Mt 8,28). Demzufolge weist uns die Bibel darauf hin, daß in den letzten Tagen "bösartige" Zeiten kommen werden. Diese Übersetzung wird dem Sachverhalt viel besser gerecht als "schwere" Zeiten.

Im weiteren Verlauf des Kapitels erläutert Paulus die Ursachen dafür: der Verfall des Charakters, der Ethik und der Moral des Menschen. Er führt achtzehn moralische Makel auf, die in den letzten Tagen besonders auffällig sein werden: *"... denn die Menschen werden selbstsüchtig sein, geldliebend, prahlerisch, hochmütig, Lästerer, den Eltern ungehorsam, undankbar, unheilig, lieblos, unversöhnlich, Verleumder, unenthaltsam, grausam, das Gute nicht liebend, Verräter, unbesonnen, aufgeblasen, mehr das Vergnügen liebend als Gott, die eine Form der Gottseligkeit haben, deren Kraft aber verleugnen"* (2 Tim 3,2-5).

Dreimal geht es hierbei um Menschen, die etwas Bestimmtes lieben: Die ersten lieben **sich selbst**; die zweiten lieben **das Geld**; die dritten lieben **das Vergnügen mehr als Gott**. Und mit unfehlbarer Exaktheit legt die Heilige Schrift den Finger auf das zentrale, grundlegende Problem der Menschheit - die Liebe zu sich selbst. Selbstliebe ist die Ursache für den Zerfall von Ehen, Familien, Gemeinden und der Gesellschaft im allgemeinen. Die Menschen denken: "Das will ich. Mir ist es egal, was du willst. Ich gehe diesen Weg, du kannst deinen eigenen gehen. Ich werde meinen gehen. Ich weiß, was ich will, und ich werde es bekommen." Diese Einstellung ist tatsächlich für den Zerbruch von Familien verantwortlich, und wenn die Familien zerfallen, zerfällt automatisch auch die Gesellschaft und jegliche strukturierte Ordnung innerhalb der Gesellschaft.

EINE ZEIT DER WEHEN

Eine andere Stelle, an der wir vor den Ereignissen der Endzeit gewarnt werden, ist Matthäus 24,7-13. Hier spricht Jesus über die "Geburtswehen", die das Reich Gottes auf Erden einleiten werden. Ein entscheidendes Kriterium des Reichs

Gottes ist, daß man nur auf einem einzigen Weg hineingelangen kann. Man kann nicht einfach "beitreten", man muß vielmehr "hineingeboren" werden. Jesus sagte, wer nicht von Neuem geboren sei, könne das Reich Gottes nicht erkennen und nicht darin eingehen. Das gilt nicht nur für Einzelpersonen, sondern auch für die Erde als ganzes. Die Erde kann nur durch eine Geburt in das Reich Gottes eintreten. In Matthäus 19,28 spricht Jesus in diesem Zusammenhang von der "Wiedergeburt". Wie bei jeder Geburt kommen auch hier vorher die Wehen. In Matthäus 24,7-13 beschreibt Jesus einige der wichtigsten Geburtswehen:

Zunächst heißt es: **"Es wird sich Nation gegen Nation erheben"**. Interessanterweise steht im Griechischen hier das Wort *ethnos*, wovon sich unser Wort "ethnisch" ableitet. Es handelt sich hierbei also um "ethnische Konflikte", eines der auffälligsten Merkmale der derzeitigen Weltlage.

Dann lesen wir: **"Es wird sich Königreich gegen Königreich erheben"**, was für mich auf politische Kriege hindeutet.

Im Anschluß daran werden **Hungersnöte, Seuchen und Erdbeben** genannt.

Weiter **Christen, die von allen Nationen gehaßt und verfolgt werden**.

Viele Christen, die ihren Glauben aufgeben und um ihres eigenen Lebens willen einander verraten.

Viele falsche Propheten.

Überhandnehmende Gesetzlosigkeit. Es besteht kein Zweifel, daß überall auf der Welt die Gesetzlosigkeit stetig zunimmt. Ich lebe seit 1968 in Fort Lauderdale (USA). Im Vergleich zu damals, als ich hierherkam, ist das heute eine völlig andere Stadt. Heute toben dort Gewalt und Haß zwischen Volksgruppen und Verbrechen, die es vor 25 Jahren schlichtweg nicht gab.

Der Bibeltext sagt weiter: **Die Liebe vieler Christen wird erkalten.** Das Wort für "Liebe" in dieser Passage lautet *agape*, das Wort, das normalerweise für die besondere Liebe unter Christen verwendet wird.

Am Ende ist dann von der **Notwendigkeit auszuharren** die Rede. Jesus sagt: *"Wer aber ausharrt bis ans Ende, der wird errettet werden"* (Mt 24,13). Das Griechische ist noch genauer und sagt: "Wer bis ans Ende ausgeharrt *hat*, wird errettet werden." Sie sind jetzt gerettet, doch um gerettet zu bleiben, müssen Sie bis ans Ende ausharren.

Man kann durchaus sagen, daß das keine rosigen Aussichten sind. Ich habe gelernt, objektiv an die Bibel heranzugehen. Vor ungefähr 52 Jahren fing ich an, als Christ die Bibel zu studieren, und damals beschloß ich herauszufinden, was die Bibel wirklich aussagt. Ich will menschliche Meinungen und menschliche Auslegungen und meine eigenen Vorurteile beiseite legen. Wir alle haben

Vorurteile - gegen bestimmte Personen, gegen bestimmte Volksgruppen, gegen bestimmte Nationen, gegen Konfessionen, gegen theologische Lehren und so weiter. Doch wenn Sie wirklich hören wollen, was Gott in seinem Wort zu sagen hat, müssen Sie all dies beiseite lassen und Ihr Herz und Denken demütig öffnen. Wenn Sie über die Aussagen der Bibel noch nie gestaunt haben, haben Sie sie noch nie richtig gelesen, denn sie ist wirklich ein erstaunliches Buch. Und wenn Sie noch nie schockiert waren, haben Sie die Bibel noch nie richtig gelesen, denn sie ist ein schockierendes Buch.

Kapitel 2

OHNE FURCHT IN DIE ENDZEIT

Zur Beantwortung der Frage, wie man der Endzeit und den eben beschriebenen Ereignissen ohne Furcht entgegengehen kann, wenden wir uns der Offenbarung zu. Ich gehe dabei nicht nach einem festen Schema oder einem System vor, sondern versuche nur, die Dinge zu verdeutlichen, die Gott mir im Lauf der Jahre gezeigt hat.

Die ersten Kapitel der Offenbarung sind für das Verständnis der Endzeit meiner Auffassung nach von entscheidender Bedeutung. Wenn wir uns der Endzeit nicht von diesem Ausgangspunkt her nähern, werden uns die Mächte, die auf uns losgelassen werden, schlichtweg überwältigen.

OFFENBARUNG 1

"Ich war an des Herrn Tag im Geist, und ich hörte hinter mir eine laute Stimme wie von einer Posaune, die sprach: Was du siehst, schreibe in ein Buch und sende es den sieben Gemeinden: nach Ephesus und nach Smyrna und nach Pergamon und nach Thyatira und nach Sardes und nach Philadelphia und nach Laodizea. Und ich wandte mich um, die Stimme zu sehen, die mit mir redete, und als ich mich umwandte, sah ich sieben goldene Leuchter..." (Das Markante an diesem Satz ist

die Tatsache, daß sich die Aufmerksamkeit der Person, die eine persönliche Offenbarung Gottes bekommt, meist nicht direkt auf die Person Gottes richtet. Johannes sieht als erstes die sieben Leuchter. Fast scheint es, als könnten wir die unmittelbare Konfrontation mit ihm nicht ertragen.) *"... und inmitten der Leuchter einen gleich einem Menschensohn, bekleidet mit einem bis zu den Füßen reichenden Gewand und an der Brust umgürtet mit einem goldenen Gürtel; sein Haupt aber und die Haare waren weiß wie weiße Wolle, wie Schnee, und seine Augen wie eine Feuerflamme und seine Füße gleich glänzendem Erz, als glühten sie im Ofen, und seine Stimme wie das Rauschen vieler Wasser; und er hatte in seiner rechten Hand sieben Sterne, und aus seinem Mund ging ein zweischneidiges, scharfes Schwert hervor, und sein Angesicht war, wie die Sonne leuchtet in ihrer Kraft. Und als ich ihn sah, fiel ich zu seinen Füßen wie tot."*

Von allen Aposteln hatte Johannes vielleicht die innigste Beziehung zu Jesus, während dieser auf Erden war. Er ruhte beim letzten Abendmahl an der Brust des Herrn und stellte die Frage: "Wer ist es, der dich verraten wird?" Nach der Auferstehung erschien er ihm neben anderen Jüngern am See Tiberias. Doch jetzt bekam Johannes eine völlig neue Offenbarung von Jesus, die so überwältigend war, daß er wie tot hinfiel.

Wie sah diese Offenbarung aus? Er begegnete Jesus, dem Richter. Heute hören wir in den

Gemeinden sehr wenig darüber, daß Jesus nicht nur der Heiland, sondern auch der Richter ist. Er ist der Richter aller Menschen; zunächst wird er den Leib Christi richten, später dann alle anderen Toten. Ich denke, es ist außerordentlich wichtig, sich der Tatsache zu stellen, daß Jesus der Richter ist.

Es war ein schreckenerregender Anblick: Seine Augen waren wie eine Feuerflamme, seine Stimme wie das Rauschen vieler Wasser, aus seinem Mund ging ein scharfes, zweischneidiges Schwert hervor, seine Füße waren wie glänzendes Erz in einem Ofen - all das sind Sinnbilder des Gerichts. Und als Johannes dem Richter begegnete, fiel er wie tot zur Erde.

Ich denke, es ist wichtig zu erkennen, daß wir eines Tages alle Jesus als Richter sehen werden. Hierzu eine Verweisstelle aus 2. Korinther 5,10: *"Denn wir* (damit sind alle Christen gemeint) *müssen alle vor dem Richterstuhl Christi offenbar werden, damit jeder empfange, was er durch den Leib vollbracht, dementsprechend, was er getan hat, es sei Gutes oder Böses."* Was wir getan haben, wird in nur zwei Kategorien eingeteilt: Was nicht gut ist, ist böse. Bei Gott gibt es nichts Neutrales.

Dann fährt Paulus fort: *"Da wir nun den Schrekken des Herrn kennen, so überreden wir Menschen..."* (V.11). Ich frage mich, wie viele von uns überhaupt schon einmal dem "Schrecken des Herrn" begegnet sind? Wie viele von uns predigen im Wissen um den "Schrecken des Herrn"? Der

Anblick Jesu war so überwältigend, daß Johannes wie ein toter Mann umfiel.

Weiter heißt es in der Offenbarung: *"Und er legte seine Rechte auf mich und sprach: Fürchte dich nicht! Ich bin der Erste und der Letzte und der Lebendige, und ich war tot, und siehe, ich bin lebendig in alle Ewigkeit und habe die Schlüssel des Todes und des Hades."* Jesus wird nicht nur als Richter dargestellt, sondern als uneingeschränkter Sieger über alles Böse - über Sünde, über den Tod und über Satan. Sein Sieg ist uneingeschränkt und vollständig.

Ich möchte noch darauf hinweisen, daß Jesus all das nicht um seinetwillen durchgemacht hat, denn er war ja immer schon siegreich. Er identifizierte sich mit uns, nahm unseren Platz ein, um uns an seinem Sieg Anteil nehmen zu lassen. Das ist die Gnade und Barmherzigkeit Gottes.

Ich möchte hier einen außerordentlich wichtigen Aspekt festhalten: Die Offenbarung konzentriert sich als erstes auf die sieben Leuchter, also die sieben Gemeinden. Johannes sah, wie Jesus inmitten der sieben Gemeinden stand. Wir müssen verstehen, daß im Verlauf der Geschichte Gottes Hauptaugenmerk auf dem Leib Christi ruht. Es ist sein Ziel, sich selbst *"...ein Eigentumsvolk [zu reinigen], das eifrig sei in guten Werken"* (Tit 2,14). Darauf richtet sich das Hauptaugenmerk Gottes, nicht auf die Nationen, nicht auf die Politiker, nicht auf die Oberbefehlshaber, sondern auf seine

Gemeinde. Wir müssen verstehen, daß wir auf der Liste der Personen und Dinge, die ihm am Herzen liegen, ganz oben stehen. Wer das nicht versteht, kann leicht Angst bekommen. Doch das erste Mal, als Johannes Jesus sah, war er inmitten seiner Gemeinden. Er ging zwischen ihnen hin und her, und offenbar untersuchte er dabei jede einzelne Gemeinde.

Dann heißt es am Ende dieses Kapitels: *"Was das Geheimnis der sieben Sterne, die du auf meiner Rechten gesehen hast, und die sieben goldenen Leuchter betrifft: Die sieben Sterne sind Engel* (oder: "Diener") *der sieben Gemeinden, und die sieben Leuchter sind sieben Gemeinden."* Jeder von uns, der im geistlichen Dienst steht, sei er Pastor, Evangelist, Lehrer oder Prophet, darf nie vergessen, daß der Herr ihn in seiner rechten Hand hält. Das ist ein sehr ernster und feierlicher Gedanke.

OFFENBARUNG 2 UND 3

In den nächsten beiden Kapiteln finden wir die Botschaften an die sieben Gemeinden. Ohne im Detail darauf einzugehen sei darauf hingewiesen, daß jede Botschaft an eine Gemeinde gerichtet war. Alle, die nicht in Gemeinden waren, haben diese Botschaft nie bekommen. Ich selbst glaube, daß Gott - mit einigen besonderen Ausnahmen - von jedem Christen erwartet, daß er ein verbindliches Mitglied einer Gemeinde ist. Wenn die Botschaft der Offenbarung heute erginge, würden einige Christen, die in keiner Gemeinde sind, diese Botschaft nie bekommen, da sie sich nur an die Gemeinden richtet.

Gleichzeitig gilt sie jedoch auch jedem einzelnen. Es heißt ja: "Wenn *jemand* meine Stimme hört..." (Offb 3,20). Es reicht nicht aus, Teil einer Gemeinde zu sein; Sie müssen auch in der Lage sein, für sich selbst die Stimme des Herrn zu hören.

Zwei Aspekte der Sendschreiben an die Gemeinden erscheinen mir besonders auffällig: Fünfmal sagt Jesus (zu fünf der sieben Gemeinden): *"Ich kenne deine Werke"* (Offb 2,2.19; 3,1.8.15). Dieser Satz ist sehr wichtig. Er sagt nicht: "Ich kenne deine Konfessionszugehörigkeit" oder "Ich kenne dein Glaubensbekenntnis" oder "Ich kenne das Programm deiner Gemeinde", sondern: "Ich weiß, was du tust." Nicht unsere Worte, sondern unsere Taten sind entscheidend.

Und fünfmal hieß sein erstes Gebot: *"Tut Buße!"* (Offb 2,5.16.22; 3,3.19) Manchmal werde ich gefragt, ob Christen überhaupt Buße tun müssen. Ich antworte dann oft: "Mindestens fünf von sieben Gemeinden müssen Buße tun." Und soweit ich die heutigen Gemeinden kenne, würde ich sagen, daß dieses Verhältnis nicht geringer sein darf. Ich könnte mir eher vorstellen, daß sieben von sieben Buße tun müssen. Vergessen Sie nicht, daß Buße der Schlüssel zu allem anderen ist. Wer die Buße links liegen läßt, kann nie echten Glauben haben; er kann die Segnungen Gottes suchen und nach ihnen rufen, wird sie jedoch nie bekommen, da Buße die erste Bedingung ist.

Als Johannes der Täufer kam, um Jesus den Weg zu bereiten, lautete auch seine erste Botschaft: "Tut Buße!" (Mt 3,2) Als Jesus anfing zu predigen, lautete seine erste öffentliche Botschaft: "Tut Buße und glaubt an das Evangelium" (vgl. Mt 4,17). Als die unbekehrten Massen an Pfingsten Petrus fragten, was sie tun sollten, erwiderte dieser: *"Tut Buße, und jeder von euch lasse sich taufen auf den Namen Jesu Christi zur Vergebung eurer Sünden..."* (Apg 2,38). Sich ohne Buße taufen zu lassen ist eine Zeitverschwendung. Paulus sagte zu den Ältesten in Ephesus: *"...wie ich nichts zurückgehalten habe von dem, was nützlich ist, daß ich es euch nicht verkündigt und euch gelehrt hätte, öffentlich und in den Häusern, da ich sowohl Juden als Griechen* ***die Buße zu Gott und den Glauben an unseren Herrn Jesus Christus bezeugte****..."* (Apg 20,20-21). Buße kommt zuerst.

In den vergangenen Jahren kamen viele Christen mit Problemen zu mir in die Seelsorge, und ich bin dabei zu dem Schluß gekommen, daß auch die Seelsorge an ihre Grenzen stößt. Ich denke, manchmal ist es wichtiger, einfach Dämonen auszutreiben als ewig lange Seelsorge zu machen. Wie dem auch sei - ich bin zu dem Schluß gekommen, daß mindestens fünfzig Prozent der Probleme von Christen darauf zurückzuführen sind, daß sie nie wirklich Buße getan haben. Wenn Sie sich als Christ mit Problemen herumschlagen, sollten Sie zunächst überprüfen, ob Sie wirklich Buße getan haben, ob Sie sich restlos von allem abgewandt haben, was Gott mißfällt, und sich vorbehaltlos in bedingungsloser Kapitulation ihm hingegeben haben.

Die Sendschreiben an die Gemeinden enthalten verschiedene Elemente: Zunächst Lob für Dinge, die gut laufen; Korrektur für Dinge, die schief laufen; Warnung vor einem drohenden Gericht. Interessant ist auch, daß sich die Verheißungen immer an jemand bestimmten richten - an den, der **überwindet**. Im Neuen Testament gibt es keine Verheißungen für Menschen, die nicht überwinden. In Römer 12,21 sagt Paulus: *"Laß dich nicht vom Bösen überwinden, sondern überwinde das Böse mit dem Guten."* Jeder Christ hat nur zwei Alternativen: Überwinden oder überwunden werden. Nur das Gute ist stark genug, um das Böse zu überwinden. Am Ende der Offenbarung spricht Gott selbst und sagt: *"Wer überwindet, wird dies erben, und ich werde ihm Gott sein, und er wird mir Sohn sein"* (Offb 21,7). Doch allen Menschen, die nicht Buße tun, verheißt die Bibel nichts Gutes.

OFFENBARUNG 4

Von diesem kurzen Überblick über die Sendschreiben an die Gemeinden gehen wir nun weiter zum vierten Kapitel. Manchmal bin ich so überwältigt von der Herrlichkeit, die da beschrieben wird, daß ich zu weinen beginne. Dieses vierte Kapitel ist absolut entscheidend. Wer es übergeht, wird nicht die richtige Einstellung zur Endzeit bekommen. Kapitel 4 ist der Thronsaal des Universums.

Die Eingangsverse lauten: *"Nach diesem sah ich: Und siehe, eine Tür, geöffnet im Himmel, und die erste Stimme, die ich gehört hatte wie die einer Posaune, die mit mir redete, sprach: Komm hier herauf, und ich werde dir zeigen, was nach diesem geschehen muß. Sogleich war ich im Geist: und siehe, ein Thron stand im Himmel..."* Wiederum sah Johannes als erstes einen Thron und nicht den, der auf dem Thron saß. Der "Thron" zieht sich wie ein roter Faden durch dieses Kapitel. Es überrascht, daß dieses Wort "Thron" vierzehn Mal in einem Kapitel auftaucht, das nur aus elf Versen besteht. Das Thema lautet: "Es gibt einen Thron, der das All regiert." Alles im Universum steht unter der uneingeschränkten Kontrolle dessen, der auf dem Thron sitzt.

Dieses Kapitel der Offenbarung zeigt vier Wesenszüge Gottes.

1. Er ist heilig. Das ist die wichtigste Offenbarung über Gott, die es in der Bibel gibt. Das Wort "heilig" ist das einzige Wort, mit dem Gott dreimal hintereinander beschrieben wird. Zunächst in Jesaja und auch in diesem Kapitel: *"Heilig, heilig, heilig ist der Herr der Heerscharen"* (Jes 6,3; vgl. Offb 4,8). Ich befürchte, daß in den meisten christlichen Gemeinden der westlichen Welt Heiligung bzw. Heiligkeit nicht die Rolle spielt, die sie spielen sollte.

2. Er ist allmächtig.

3. Er ist ewig. Er war, er ist und er kommt.

4. Er ist der Schöpfer.

Nehmen Sie sich Zeit, um über diese vier Offenbarungen des Charakters Gottes nachzudenken - heilig, allmächtig, ewig und der Schöpfer, denn sobald man ein klares Gottesbild hat, sieht man auch die Dinge auf der Welt aus einer anderen Perspektive. Doch ohne diesen Blickwinkel werden die meisten Christen mit Situationen, Gefahren und Schwierigkeiten konfrontiert werden, denen sie nicht gewachsen sind.

OFFENBARUNG 5

In diesem Kapitel wird das Buch mit den sieben Siegeln - also im Grunde das Buch der Offenbarung - präsentiert. Damals gab es noch keine gedruckten Bücher, sondern nur lange Schriftrollen aus Papier oder Pergament, die aufgerollt wurden. Deshalb war jedes Buch ursprünglich eine Schriftrolle.

Dieses Kapitel beginnt damit, daß ein sehr starker Engel mit sehr lauter Stimme ruft: *"Wer ist würdig, das Buch zu öffnen und seine Siegel zu brechen?"* (V.2) Und niemand im Himmel noch auf der Erde war würdig, dieses Siegel zu brechen. Ich glaube, diese Rolle ist der Plan Gottes für den Abschluß dieses Zeitalters. Und Johannes weinte sehr. Doch einer der Ältesten sagte zu ihm: *"Weine nicht! Siehe, es hat überwunden der Löwe aus dem Stamm Juda, die Wurzel Davids, um das Buch und seine sieben Siegel zu öffnen"* (V.5).

Noch eine Zwischenbemerkung: Als Jesus Jude wurde, war er nicht nur 33 Jahre lang Jude. Denn hier sehen wir ihn in der Ewigkeit, und da ist er immer noch der Löwe aus dem Stamm Juda. Und "Juda" ist ja bekanntlich das Wort, von dem sich unser Wort "Jude" ableitet. Ich denke oft, daß die Antisemiten im Himmel in große Verlegenheit kommen werden. Stellen Sie sich nur einmal das neue Jerusalem vor! Es hat zwölf Grundsteine und zwölf Tore. Und jeder Name ist ein jüdischer Name. Und dann gibt es noch den Namen, der höher ist als jeder andere, den Namen Yeschua. Wie wollen Sie dort zurechtkommen, wenn Sie etwas gegen das jüdische Volk haben? Wie wollen Sie sich dort im neuen Jerusalem jemals zuhause fühlen?

Johannes hörte also, der Löwe aus dem Stamme Juda hätte überwunden, und sah sich um. Ich bin mir sicher, daß er davon ausging, einen großen, starken, zum Kampf gerüsteten Löwen zu sehen. Doch was sah er? Er sah ein *"Lamm, wie geschlachtet"* (V.6). Es gibt nichts höheres als diese Offenbarung. Die Kraft Gottes beruht nicht auf körperlicher bzw. menschlicher Kraft, sondern auf einem zerbrochenen Geist und auf Demut. Wenn Sie die Kraft Gottes wollen, dann steigen Sie nicht nach oben, sondern beugen Sie sich nach unten! Der große Evangelist Moody sagte einmal: "Als ich ein junger Christ war, dachte ich immer, Gott bewahre seine Geschenke in Regalen auf. Die besten Geschenke stünden in den obersten Fächern, und ich würde mich nach ihnen ausstrekken müssen. Aber später erkannte ich, daß die besten Geschenke in den untersten Fächern standen und ich mich hinunterbeugen mußte."

Wenden wir uns kurz 1. Korinther 1,25 zu: *"Denn das Törichte Gottes ist weiser als die Menschen, und das Schwache Gottes ist stärker als die Menschen."* Die Dinge, die dem natürlichen Verstand töricht und schwach erscheinen, das sind die Dinge, in die Gott seine Weisheit und seine Kraft investiert. Paulus dachte ganz zweifellos an das Kreuz, wenn er von der Torheit und der Schwachheit Gottes sprach. Wer ist schwächer als ein gekreuzigter Mensch? Was ist törichter, als es zuzulassen, daß der eigene Sohn vor einer johlenden Menge gekreuzigt wird? Ist Ihnen schon einmal aufgefallen, daß Gott sich nie bemüht hat, diesen Eindruck zu korrigieren? Jesus erschien nach der Kreuzigung nur jenen Leuten, die speziell von Gott auserwählt waren. Was die Welt betrifft, so sah sie Jesus zum letzten Mal überhaupt als Leiche am Kreuz hängen. Und Gott tat nichts, um diesen Eindruck zu revidieren. Die Schwachheit Gottes ist stärker als die Menschen, und die Torheit Gottes ist weiser als die Menschen.

Um diesen Punkt, der für den Leib Christi in unserer Zeit und vor allem für die geistlichen Leiter so außerordentlich wichtig ist, noch weiter zu erhärten, gehen wir kurz zu 2. Timotheus 2,11-12:

"Das Wort ist gewiß. Denn wenn wir mitgestorben sind, werden wir auch mitleben; wenn wir ausharren, werden wir auch mitherrschen." Vor einigen Jahren machte ich eine Predigtreihe mit dem Titel "Der Weg nach oben führt nach unten". Je höher Sie hinauf wollen, desto weiter unten müssen Sie anfangen.

Jesus sagte: *"Wer sich aber selbst erhöhen wird, wird erniedrigt werden; und wer sich selbst erniedrigen wird, wird erhöht werden"* (Mt 23,12). Und in Philipper 2 spricht Paulus über die Erniedrigung Jesu, die Erniedrigung bis zum Äußersten, nicht nur bis zum Tod, sondern bis zum Tod am Kreuz. Die nachfolgende Passage beginnt Paulus mit dem Wort "darum": *"Darum hat Gott ihn auch hoch erhoben und ihm den Namen verliehen, der über jeden Namen ist..."* (Phil 2,9). Dieses Wörtchen "darum" erklärt, warum Jesus erhöht wurde: Er wurde nicht deshalb erhöht, weil er der Lieblingssohn Gottes war, sondern weil er die Bedingungen erfüllt hatte. Aus diesem Grund möchte ich Ihnen eins ans Herz legen: Wenn Sie groß werden wollen, dann kommen Sie nach unten. Je tiefer Sie nach unten gehen, desto höher wird Gott Sie hinaufsetzen.

Ich erlebe derzeit, wie aggressiv Leute im Leib Christi an die Spitze drängen; ich sehe soviel persönlichen Ehrgeiz. Zwei oder drei Jahre lang dachte ich mir, das eigentliche Problem im Leib Christi gehe auf die geistlichen Leiter und ihren Ehrgeiz zurück. Weil ich jedoch keine Bibelstelle fand, die das erhärten könnte, wollte ich mich zu diesem Thema nicht äußern. Doch dann zeigte mir der Herr, daß genau das auch das Problem Luzifers war: Er wollte Gott gleich sein. Er tat alles, um sich selbst voranzubringen und wurde erniedrigt. So komme ich zu folgendem Resümee: Jeder, der aus eigener Kraft vorwärts kommen möchte, wird letztlich erniedrigt werden.

Gehen wir weiter zu dem Bild der Anbetung in Offenbarung 5,8: *"Und als es* (das Lamm) *das Buch nahm, fielen die vier lebendigen Wesen und die vierundzwanzig Ältesten nieder vor dem Lamm, und sie hatten ein jeder eine Harfe und goldene Schalen voll Räucherwerk; das sind die Gebete der Heiligen."* Vergessen Sie nie: Sie sind ein Heiliger oder eine Heilige; wenn Sie beten, steigen Ihre Gebete wie Rauch zu Gott hinauf! *"Und sie singen ein neues Lied und sagen: Du bist würdig, das Buch zu nehmen und seine Siegel zu öffnen; denn du bist geschlachtet worden und hast durch dein Blut für Gott erkauft aus jedem Stamm und jeder Sprache und jedem Volk und jeder Nation und hast sie unserem Gott zu Königen und Priestern gemacht, und sie werden über die Erde herrschen!"* Das heißt, daß die Anbetung direkt im Innersten Kreis beginnt bei jenen, die direkt um den Thron herum stehen.

Weiter heißt es: *"Und ich sah: und ich hörte eine Stimme vieler Engel rings um den Thron her und um die lebendigen Wesen und um die Ältesten; und ihre Zahl war Zehntausende mal*

Zehntausende und Tausende mal Tausende." Zehntausend mal Zehntausend sind hundert Millionen; Tausend mal Tausend ist eine Million - die Anbetung von Millionen von Engeln, ein unvorstellbarer Anblick! Nun geht die Anbetung vom Thronbereich aus hin zu den Engeln, die mit lauter Stimme rufen: *"Würdig ist das Lamm, das geschlachtet worden ist, zu empfangen die Macht und Reichtum und Weisheit und Stärke und Ehre und Herrlichkeit und Lobpreis."*

Schließlich dringt die Anbetung ganz nach "außen", wenn wir in Vers 13 lesen: *"Und jedes Geschöpf, das im Himmel und auf der Erde und unter der Erde und auf dem Meer ist, und alles, was in ihnen ist, hörte ich sagen: Dem, der auf dem Thron sitzt, und dem Lamm den Lobpreis und die Ehre und die Herrlichkeit und die Macht in alle Ewigkeit!"* Die Anbetung beginnt am Thron Gottes, geht weiter zu den Engeln und dann weiter zu jedem lebendigen Wesen im Universum. Und sie alle waren vereint im Lobpreis Gottes!

Wir sahen Jesus als Richter, hörten von seiner Sorge um die Gemeinden, erlebten mit, was im Thronsaal Gottes geschieht und lasen von der Anbetung der Ältesten, der Engel und aller Geschöpfe auf Erden. Wenn Sie ohne diese Vision in die Zukunft gehen, werden Sie meiner Meinung nach nicht in der Lage sein, das Kommende zu ertragen. Es ist ein Muß, die Dinge aus dieser Perspektive zu sehen.

OFFENBARUNG 6

Gott führte mir die Ereignisse dieses Kapitels sehr real vor Augen. Ich beginne meine Auslegung mit Vers 1: *"Und ich sah, als das Lamm eines von den sieben Siegeln öffnete, und hörte eines von den vier lebendigen Wesen wie mit einer Donnerstimme sagen:* ***Komm!****"* Gleich am Anfang sei darauf hingewiesen, daß jedes einzelne dieser Pferde seinen Befehl vom Himmel bekam. Sie kommen nicht als Reaktion auf die Dinge, die auf Erden geschehen. Die Initiative kommt von Gott allein. Dies ist ganz entscheidend!

Das weiße Pferd

"Und ich sah: und siehe, ein weißes Pferd, und der darauf saß, hatte einen Bogen; und ihm wurde ein Siegeskranz gegeben, und er zog aus, siegend und um zu siegen" (V.2). Dieser Siegeskranz ist mit unserer heutigen Goldmedaille bei olympischen Spielen zu vergleichen und stellt somit das Zeichen des Siegers dar. Es hängt sehr viel davon ab, wie man dieses weiße Pferd deutet. Mir persönlich wurde dieses Bild in den letzten Jahren sehr lebendig, und ich bin zu der Überzeugung gelangt, daß dieses weiße Pferd Jesus Christus ist, das Evangelium, das in die ganze Welt hinausgeht.

Hierzu eine Parallelstelle mit demselben Grundtenor aus Psalm 45. Es handelt sich hierbei um einen sogenannten "messianischen Psalm", also eine Offenbarung über den Messias. Die ersten fünf Verse sind meiner Überzeugung nach eine Beschreibung dessen, der auf dem weißen Pferd reitet. Er reitet hinaus, siegend und um zu siegen; es gibt keine Macht auf Erden, die ihn besiegen könnte. Die Psalmworte lauten: *"Es wallt mein Herz von gutem Wort. Sagen will ich meine Gedichte dem König! Meine Zunge sei wie der Griffel eines geschickten Schreibers!* (Und dann sagte er zu diesem König:) *Du bist schöner als andere Menschen, Anmut ist ausgegossen über deine Lippen; darum hat Gott dich gesegnet für ewig"* (V.2-3). Wiederum heißt es hier "darum". Es gab einen Grund, warum Gott Jesus segnete. Der Grund war, daß Anmut auf seinen Lippen war. Wenn Sie gesegnet sein möchten, dann sorgen Sie dafür, daß Anmut auch über Ihre Lippen ausgegossen ist. *"Gürte dein Schwert um die Hüfte, du Held; deine Majestät und deine Pracht! Und deine Pracht - sei stark, zieh aus für die Sache der Wahrheit und der Sanftmut und der Gerechtigkeit"* (V.4-5a). Hier ist nicht von einem menschlichen Eroberer die Rede, da dieser sich sicherlich nicht durch Wahrheit, Sanftmut und Gerechtigkeit auszeichnet; der Psalm spricht von einem göttlichen Eroberer! *"...da lehre dich furchtbare Taten deine Rechte. Deine geschärften Pfeile - Völker fallen unter dir"* (V.5b-6a). Das sind meiner Auffassung nach die Pfeile der Überführung des Heiligen

Geistes, die Menschenherzen durchdringen und Menschen dazu bringen, vor ihm niederzufallen.

Das rote Pferd

Wenden wir uns dem zweiten Pferd in Offenbarung 6 zu: *"Und als es das zweite Siegel öffnete, hörte ich das zweite lebendige Wesen sagen: Komm!"* Auch dieses Pferd reitet auf einen Befehl Gottes hin los! Es ist sehr wichtig, dies zu verstehen, da man sonst ein völlig falsches Bild von den Ereignissen auf der Welt bekommt.

"Und es zog aus ein anderes, ein feuerrotes Pferd; und dem, der darauf saß, ihm wurde gegeben, den Frieden von der Erde zu nehmen und die Menschen dahin zu bringen, daß sie einander schlachteten; und ihm wurde ein großes Schwert gegeben." Hier spricht die Bibel meiner Meinung nach von ethnischen Konflikten. Es wird etwas auf Erden freigesetzt, das Menschen einer Volksgruppe dazu bringt, einander umzubringen. Dieses Phänomen ist derzeit allgegenwärtig: in Südafrika, in Nordafrika, in Israel, im ehemaligen Jugoslawien und in einem Großteil der ehemaligen Sowjetunion. Ich sage voraus, daß keine Nation auf Erden letztlich davon verschont bleiben wird. Wie wäre es, wenn dieses rote Pferd auf einmal durch Ihr Land mit seinen verschiedenen Volksgruppen reiten würde? Dieses Pferd wurde von Gott ausgesandt und ist Teil des Gerichts - die Offenbarung ist in Teilen eine Offenbarung des Gerichtes Jesu!

Das schwarze Pferd

"Und als es das dritte Siegel öffnete, hörte ich das dritte lebendige Wesen sagen: Komm! Und ich sah: und siehe, ein schwarzes Pferd, und der darauf saß, hatte eine Waage in seiner Hand. Und ich hörte etwas wie eine Stimme inmitten der vier lebendigen Wesen, die sagte: Ein Maß Weizen für einen Denar und drei Maß Gerste für einen Denar! Und dem Öl und dem Wein füge keinen Schaden zu!" (V.5-6) Das schwarze Pferd ist für mich ein Bild für Mangel und Rationierung. Ein Denar war damals der Tageslohn eines Arbeiters. Das heißt, ein Arbeiter bekommt an einem Tag gerade soviel Geld, daß er sich ernähren kann.

Weiter lesen wir: *"Und dem Öl und dem Wein füge keinen Schaden zu!"* Ich persönlich verstehe das so, daß Öl und Wein den Reichen vorbehalten sind: Inmitten all des Mangels gibt es jene, die in Saus und Braus leben, was ja schon heute auf Erden zu beobachten ist. Die Armen werden ärmer, die Reichen werden reicher, und von einigen rühmlichen Ausnahmen abgesehen, kümmern sich die Reichen nicht um die Armen, sondern nur um sich selbst. Der Geist der Selbstliebe hat sie ergriffen.

Das fahle Pferd

"Und als es das vierte Siegel öffnete, hörte ich die Stimme des vierten lebendigen Wesens

sagen: Komm! Und ich sah: und siehe, ein fahles Pferd, und der darauf saß, dessen Name ist 'Tod'; und der Hades folgte ihm. Und ihnen wurde Macht gegeben über den vierten Teil der Erde, zu töten mit dem Schwert und mit Hunger und mit Tod und durch die wilden Tiere der Erde" (V.7-8). Auch dieses Bild ist eindeutig: eine Hungersnot, die sehr viele Menschenleben fordert (es wird gesagt, sie würde den vierten Teil der Erde heimsuchen).

In diesen Versen erscheinen zwei Reiter. Der eine heißt Tod, der andere Hades. Der Tod beansprucht den Leib des Menschen für sich, der Hades die Seele. Beachten Sie auch hier: "Ihnen wurde Macht gegeben." Woher kommt diese Macht? Vom Thron Gottes.

Als ich über diese vier Pferde nachdachte, kam ich zu folgender Überzeugung, die sich in mir mehr und mehr verfestigt. Das ist eine Botschaft für das Volk Gottes: Das weiße Pferd muß immer vor den drei anderen sein! Wir müssen mit dem Gnadenangebot des Evangeliums durchkommen, bevor die schrecklichen Gerichte die Menschheit heimsuchen. Meine Frau Ruth und ich wollen unbedingt sehen, daß das weiße Pferd rechtzeitig ankommt. An manchen Orten hatten wir das Privileg, dies mitzuerleben. Wir waren in Jugoslawien, bevor die Schwierigkeiten dort begannen, und wir erreichten einige Menschen. Meine wichtigsten Bücher wurden ins Serbokroatische übersetzt und sind jetzt dort erhältlich. Ich bin froh, daß wir nicht zu lange gewartet haben.

Im Mai 1993 waren wir in Moskau und hielten dort eine Konferenz für tausend geistliche Leiter ab. Sie alle hatten bereits vorher durch unser russisches Radioprogramm oder über meine Bücher Kontakt zu uns bekommen. Am Ende der Konferenz sagte ein erfahrener Leiter, der in Rußland arbeitet, diese Konferenz hätte zu einem entscheidenden Zeitpunkt stattgefunden, da die Reisekosten in Rußland derart in die Höhe gingen, daß die Leute bald nicht mehr so weit würden reisen können. (Einige von ihnen waren sechs Tage lang mit dem Zug unterwegs gewesen, nur um zum Konferenzort zu gelangen.)

Noch nie zuvor sah ich so große Begeisterung wie unter diesen jungen Russen. Diese Leute wußten, wie man Gott anbetet. Die Bibel sagt, wir sollen Gott anbeten mit unserem Geist, unserer Seele, unserem Denken, unserem Körper und "mit all deiner Kraft", und genau das haben diese Christen getan. Man mußte sie nicht zur Anbetung anleiten, man konnte sie überhaupt nicht mehr aufhalten. Wie wunderbar ist es doch, Menschen zu begegnen, die hungrig und durstig nach Gott sind, die noch nie etwas gehört haben und die noch nicht alles wissen!

Wir hatten ein Team mit uns, das uns in der Fürbitte unterstützen sollte. Sie gingen auf den roten Platz in Moskau hinaus und hielten dort eine Gebetsveranstaltung ab. Man braucht in Moskau nicht viel zu tun, um die Aufmerksamkeit der Menschen auf sich zu ziehen, und schon bald hatte sich eine Menschenmenge gebildet. Die Leute fragten, was sie dort täten. Ein holländischer Bruder fing an, mit Hilfe eines Übersetzers zu predigen. Er hatte nur ein ganz einfaches evangelistisches Wort. Als er fertig war, lief ein junger Mann auf ihn zu, fiel ihm um den Hals und sagte: "Ich bin Moslem. Ich habe noch nie zuvor in meinem Leben gehört, daß Gott mich liebt."

Sie versäumen wirklich etwas, wenn Sie sich nicht daran beteiligen, die unerreichten Völker zu erreichen. Sie können sehr angenehm in Ihrer Gemeinde sitzen und das Leben genießen. Doch den echten Lohn bekommen die Leute, deren Herz für die Menschen schlägt, die noch nie etwas vom Evangelium gehört haben. Das ist unser Ziel. Wir wollen mit diesem weißen Pferd voranreiten, bevor uns die anderen einholen.

Im Mai 1994 waren wir in Kasachstan, einer ehemaligen Sowjetrepublik, in der sich Moslems zu Tausenden dem Herrn zuwenden. Diese Leute brauchen jemanden, der ihnen Grundlagenlehre bringt. Wir wollen die Leiter vor Ort ausbilden, damit sie ihre Arbeit erledigen können. Unser Repräsentant für die GUS-Staaten plant ein Verteilzentrum unseres Materials in jeder Republik der ehemaligen Sowjetunion, weil er sagt: "Falls sich die Tore wieder schließen, haben wir wenigstens das Material im Land!" Verstehen Sie meine Begeisterung, wenn ich über das weiße Pferd spreche? Die Notwendigkeit, mit dem Evangelium vorauszueilen, steht mir so klar und deutlich vor Augen, zumal ich die anderen Pferde schon kommen sehe. Das rote Pferd hat schon einiges an Boden gewonnen; an manchen Orten sieht man schon das schwarze Pferd, an anderen bereits das fahle. Menschen verhungern, wie zum Beispiel in Somalia, in Teilen Ex-Jugoslawiens und anderswo.

Wie gehen wir damit um? Stellen wir uns der Herausforderung? Erinnern Sie sich, was Jesus zu den Gemeinden sagte: "Ich kenne deine Werke, ich weiß was du tust!" Gemeindeinterne Aktivitäten, Lobpreis, Gottesdienst - das sind herrliche Dinge, doch was tun Sie, wenn Sie den Gemeindesaal verlassen haben? Was ist das Ziel Ihres Lebens? Wollen Sie Jesus dienen? Stehen Sie ihm zur Verfügung um jeden Preis, an jedem Ort, zu jeder Zeit? Ich kenne die Gemeinde Christi schon lange genug, um zu wissen, daß in vielen Fällen nicht die besonders begabten Leute die Früchte ernten, sondern die engagierten. Jemand sagte einmal: "Gott fordert nur eine Fähigkeit von uns, die Fähigkeit, bereit zu sein." Sind Sie bereit? Stehen Sie zur Verfügung?

Neben Offenbarung 6 könnte man gut und gerne fünfzig Bibelstellen finden, die sich ebenfalls auf die eben geschilderten Ereignisse beziehen. Eine davon finden wir in Jesaja 24, ein wirklich erstaunliches Kapitel: *"Siehe, der Herr entleert die Erde und verheert sie und kehrt ihre Oberfläche um und zerstreut ihre Bewohner. Und wie dem Volk, so ergeht es dem Priester; wie dem Knecht, so seinem Herrn; wie der Magd, so ihrer Gebieterin; wie dem Käufer, so dem Verkäufer; wie dem Verleiher, so dem Borger; wie dem Schuldner, so seinem Gläubiger"* (V.1-2). Mit anderen Worten: Weltweit werden die Menschen weder im Wohlstand noch in ihrer sozialen Stellung Sicherheit finden. *"Völlig ausgeleert wird die Erde und geplündert, denn der Herr hat dieses Wort geredet. Es vertrocknet, es welkt das Land, es schmachtet, es welkt der Erdkreis, es schmachten die Hohen des Volkes im Land. Und die Erde ist entweiht worden unter ihren Bewohnern. Denn sie haben die Gesetze übertreten, die Ordnungen überschritten, den ewigen Bund ungültig gemacht!"* (Das ist der Grund für den Zorn Gottes.) *"Darum hat der Fluch die Erde verzehrt, und es büßen, die auf ihr wohnen. Darum sind die Bewohner der Erde dahingeschwunden, und wenig Menschen bleiben übrig"* (V.3-6). Schließlich heißt es in Vers 17: *"Grauen und Grube und Garn über dich, Bewohner der Erde! Und es geschieht, wer vor der Stimme des Grauens flieht, fällt in die Grube; und wer aus der Grube heraufsteigt, wird im Garn gefangen. Denn die Fenster in der Höhe tun sich auf, und es erbeben die Grundfesten der Erde."*

Achten Sie darauf, was im Anschluß daran geschieht. Jetzt wird gleichsam das Vorspiel zur Errichtung des Reichs Gottes auf Erden geschildert: *"Und an jenem Tag wird es geschehen, da wird der Herr das Heer der Höhe heimsuchen in der Höhe und die Könige der Erde auf der Erde."* Gott wird mit den Herrschern auf Erden und mit den Mächten und Gewalten in den himmlischen Gefilden ins Gericht gehen. *"Sie werden eingesperrt, wie man Gefangene in die Grube einsperrt, ja, sie werden in den Kerker eingeschlossen und nach vielen Tagen heimgesucht werden. Da wird der Mond schamrot werden und die Sonne sich schämen...* (Im Vergleich zur Herrlichkeit Gottes wird ihr Licht verblassen!) *...Denn der Herr der Heerscharen herrscht als König auf dem Berg Zion und in Jerusalem, und vor seinen Ältesten ist Herrlichkeit"* (V.21-23). Das ist das Vorspiel zur Errichtung des Reichs Gottes auf Erden. Wenn Sie das Reich Gottes wollen, müssen Sie sich auch auf die Geburtswehen vorbereiten. Keine Geburt ohne Geburtswehen.

OFFENBARUNG 7

In diesem Kapitel kommen die guten Nachrichten für alle jüdischen Gläubigen. Zunächst wird alles, was es auf Erden gibt, zerstört; ein Erbeben wird die ganze Erde heimsuchen. *"Nach diesem sah ich vier Engel auf den vier Ecken der Erde stehen; die hielten die vier Winde der Erde fest, damit kein Wind wehe auf der Erde, noch auf dem Meer, noch über irgendeinen Baum. Und ich sah einen anderen Engel von Sonnenaufgang heraufsteigen, der das Siegel des lebendigen Gottes hatte; und er rief mit lauter Stimme den vier Engeln zu, denen gegeben worden war, der Erde und dem Meer Schaden zuzufügen, und sagte: Schadet nicht der Erde, noch dem Meer, noch den Bäumen, bis wir die Knechte unseres Gottes an ihren Stirnen versiegelt haben"* (V.1-3). Bevor die letzten gewaltigen, weltumspannenden Gerichte kommen, hat Gott noch etwas zu tun. Er muß eine Gruppe seiner Diener an ihren Stirnen versiegeln - und sie sind allesamt Juden! *"Und ich hörte die Zahl der Versiegelten: Hundertvierundvierzigtausend Versiegelte, aus jedem Stamm der Söhne Israels"* (V.4). Im Anschluß daran werden alle Stämme aufgezählt. (Ich habe jedoch keine Erklärung dafür, weshalb ausgerechnet der Stamm Dan fehlt.) Zwölftausend pro Stamm bei zwölf Stämmen, das sind hundertvierundvierzigtausend.

Weiter heißt es: *"Nach diesem sah ich: und siehe, eine große Volksmenge, die niemand zählen konnte, aus jeder Nation und aus Stämmen und Völkern und Sprachen, stand vor dem Thron und vor dem Lamm, bekleidet mit weißen Gewändern und Palmen in ihren Händen. Und sie rufen mit lauter Stimme und sagen: Das Heil unserem Gott, der auf dem Thron sitzt, und dem Lamm!... Und einer von den Ältesten begann und sprach zu mir: Diese, die mit weißen Gewändern bekleidet sind, wer sind sie, und woher sind sie gekommen? Und ich sprach zu ihm: Mein Herr, du weißt es. Und er sprach zu mir: Diese sind es, die aus der großen Drangsal kommen, und sie haben ihre Gewänder gewaschen und sie weiß gemacht im Blut des Lammes"* (V.9-10;13-14). Ich glaube, daß diese beiden Passagen deshalb in einem Kapitel zusammengefaßt sind, weil sie Ursache und Wirkung darstellen. Meiner Überzeugung nach wird die Ernte aus allen Völkern, Nationen, Sprachen und Stämmen von hundertvierundvierzigtausend jüdischen Christen eingebracht werden! Jesus sagte: "Die Ersten werden die Letzten und die Letzten werden die Ersten sein." Die Juden waren die Ersten und sie wurden die Letzten. Aber die Letzten werden am Ende wieder die Ersten sein. Sie werden den Evangelisationsauftrag vollenden. Stellen Sie sich einmal hundertvierundvierzigtausend geisterfüllte, junge, jüdische Männer vor, die auf die Erde losgelassen werden. Es ist nicht abzusehen, was dann geschieht! Sie kommen selten in Verlegenheit und lassen sich nicht den Mund verbieten!

OFFENBARUNG 14

Betrachten wir uns nun noch das Ende der Hundertvierundvierzigtausend. Nebenbei bemerkt glaube ich, daß es wirklich 144.000 sein werden, nicht 143.999 und auch nicht 144.001. Wenn Gott handelt, ist er stets exakt, und all seine Angaben und Zahlen sind sehr genau.

Wir lesen in Offenbarung 14,1: *"Und ich sah: und siehe, das Lamm stand auf dem Berg Zion und mit ihm hundertvierundvierzigtausend, die seinen Namen und den Namen seines Vaters an ihren Stirnen geschrieben trugen."* In Kapitel 7,4 ist lediglich von "Versiegeln" die Rede, doch hier wird deutlich, daß der Name Jesu und der Name des Vaters dieses Siegel ist. Bei der Lektüre der dazwischenliegenden Kapitel wird Ihnen auffallen, daß der Antichrist auch ein Siegel auf die Stirnen der Leute legt, die es annehmen. Am Ende wird also jedes menschliche Wesen das eine oder andere Siegel tragen - entweder das Siegel des Antichrists oder das Siegel unseres Gottes.

"Und ich hörte eine Stimme aus dem Himmel wie das Rauschen vieler Wasser und wie das Rollen eines lauten Donners; und die Stimme, die ich hörte, war wie von Harfensängern, die auf ihren Harfen spielen. Und sie singen ein neues Lied vor dem Thron und vor den vier lebendigen Wesen und den Ältesten; und niemand konnte das Lied lernen als nur die Hundertvierundvierzigtausend, die von der Erde erkauft waren. Diese sind es, die sich mit Frauen nicht befleckt haben, denn sie sind jungfräulich; diese sind es, die dem Lamm folgen, wohin es auch geht. Diese sind aus den Menschen als Erstlingsfrucht für Gott und das Lamm erkauft worden" (V.2-4). Auch wenn es hier heißt, daß sie "jungfräulich" wären, sind sich Bibelübersetzungen in unterschiedlichen Sprachen darin einig, daß es sich um Männer handelt. Soweit ich es verstehe, müssen es junge, jüdische Männer sein, die vielleicht nicht älter als sechzehn, siebzehn oder achtzehn Jahre alt sind, und sich noch nie mit sexueller Unzucht oder Unmoral befleckt haben; Gott hat sie für diese spezielle Aufgabe ausgesondert.

Nebenbei bemerkt: Ist Ihnen schon einmal aufgefallen, daß die Evangelisation immer mehr die

Sache der jungen Leute wird? Mit die erfolgreichste Evangelisation, die heutzutage gemacht wird, kommt von den "King's Kids" von "Jugend mit einer Mission". Die jungen Menschen haben die Hemmungen nicht, die wir älteren haben. Sie gehen einfach hinaus und sagen es, wie es ist, und genau das möchte Gott sehen.

In Vers 5 wird dieses Bild noch weiter vervollständigt: *"Und in ihrem Mund wurde kein Falsch gefunden; sie sind untadelig."* Was für ein herrlicher Anblick! Inmitten all des Aufruhrs, der Verwirrung und des Leids setzt Gott einen positiven Kontrapunkt und jeder von uns kann sich entweder auf das Positive oder auf das Negative konzentrieren.

Abschließend möchte ich noch einmal betonen: Wir müssen uns dieses Szenario vor dem Hintergrund betrachten, daß Jesus der Sieger über Sünde und Tod ist, daß er der Richter ist, daß er als einziger in der Lage ist, die Siegel zu öffnen, daß er der Löwe aus dem Stamme Juda ist! Wenn Sie keine Vision vom Thronsaal Gottes und seiner Macht haben, wenn Sie keinen Blick dafür haben, daß er alles in der Hand hat, werden Sie angesichts dessen, was vor uns liegt, Angst bekommen und sehr leicht entmutigt werden. Deshalb möchte ich Ihnen dieses in der Offenbarung geschilderte Bild wirklich ans Herz legen: Jesus inmitten der sieben goldenen Leuchter und zugleich mitten auf dem Thron Gottes! Ist das nicht eine gute Nachricht, daß derjenige, der inmitten des Leibes

Christi steht, auch mitten auf dem Thron sitzt? Er kümmert sich um uns und wird uns nie verlassen, weil er absolut treu ist. In Offenbarung 19,11 wird noch einmal betont, daß sein Name "Treu und Wahrhaftig" heißt, wenn er auf seinem weißen Pferd ein zweites Mal ausreitet und vom Himmel herabkommt. Er ist treu und wahrhaftig. Sie können ihm vertrauen und Ihre Zuversicht auf ihn gründen.